【美】威廉·麦克尼尔 / 著

任一 / 译

全 球 观

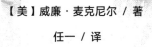

征服者、灾难和群落

著作权合同登记号 图字：01-2017-8787
图书在版编目（CIP）数据

全球观：征服者、灾难和群落／（美）威廉·麦克尼尔著；任一译. —北京：北京大学出版社，2023.2
（世界史图书馆）
ISBN 978-7-301-33421-8

Ⅰ.①全… Ⅱ.①威…②任… Ⅲ.①文化人类学 Ⅳ.①C958

中国版本图书馆 CIP 数据核字（2022）第 209682 号

THE GLOBAL CONDITION: CONQUERORS, CATASTROPHES, AND COMMUNITY
by William Hardy McNeill and Foreword by J. R. McNeill
Copyright © 1992 by Princeton University Press
Chinese Simplified translation copyright © 2023 Peking University Press
Published by arrangement with Princeton University Press through Bardon-Chinese Media Agency
All rights reserved. No part of this book may be reproduced or transmitted in any form or by any means, electronic or mechanical, including photocopying, recording or by any information storage and retrieval system, without permission in writing from the Publisher.

书　　　名	全球观：征服者、灾难和群落 QUANQIU GUAN: ZHENGFUZHE、ZAINAN HE QUNLUO
著作责任者	[美] 威廉·麦克尼尔（William H. McNeill）著　任　一　译
责任编辑	修　毅　李学宜
标准书号	ISBN 978-7-301-33421-8
出版发行	北京大学出版社
地　　　址	北京市海淀区成府路 205 号　100871
网　　　址	http://www.pup.cn　　新浪微博：@北京大学出版社
电子信箱	pkuwsz@126.com
电　　　话	邮购部 010-62752015　发行部 010-62750672 编辑部 010-62752025
印　刷　者	北京中科印刷有限公司
经　销　者	新华书店
	880 毫米×1230 毫米　A5　6.375 印张　122 千字 2023 年 2 月第 1 版　2023 年 2 月第 1 次印刷
定　　　价	52.00 元

未经许可，不得以任何方式复制或抄袭本书之部分或全部内容。
版权所有，侵权必究
举报电话：010-62752024　电子信箱：fd@pup.pku.edu.cn
图书如有印装质量问题，请与出版部联系，电话：010-62756370

目录 CONTENTS

序 / 001
前　言 / 015

第一部分　大边疆：近代的自由与等级 / 001
　　　　致　谢 / 001
　　　　第一讲：1750 年之前 / 003
　　　　第二讲：1750 年之后 / 037

第二部分　从生态和历史的角度考察人类状态 / 075
　　　　致　谢 / 075
　　　　微观寄生、宏观寄生与城市转变 / 077
　　　　微观寄生、宏观寄生与商业转变 / 112

第三部分　人类事务当中的管理和灾难 / 147

索　引 / 163

序

威廉·麦克尼尔于1917年生于温哥华。他的父母来自加拿大的两端:一方来自爱德华王子岛省的农场,另一方则来自温哥华岛上的林场。他的父母相识于麦吉尔大学,都主攻英语文学。据未经考证的家族传闻,两人还都是优秀毕业生代表。[1] 当时,对于一个来自爱德华王子岛的男孩来说,上大学并不容易,但是约翰·麦克尼尔(John T. McNeill)[2] 通过赢得当地的最优学生奖获得了上大学的机会。而对于一个来自不列颠哥伦比亚省纳奈莫锯木厂的女孩子来说,上大学就更不容易了。内特·哈迪(Netta Hardy)[3] 还不得不违背家人的意愿,并依靠一个较为富裕叔叔的经济资助才能够到

---

[1] 这一观点见于William H. McNeill, *The Pursuit of Truth: A Historian's Memoir* (Lexington: University of Kentucky Press), 2。
[2] 威廉·麦克尼尔之父。——译者注
[3] 威廉·麦克尼尔之母。——译者注

麦吉尔上大学。她的父母希望她能够帮着抚养九个弟妹，而不是到蒙特利尔市成为摆架子的城市人。

麦克尼尔父母的选择和发展道路留给他两个重要的遗产。其一就是他对于英语的热爱。他有加拿大最具文学修养的一双父母。由于儿童时期深受长老会的影响和神学训练，日后又成为一名研究基督教教会的历史学家，他的爸爸能够将大段大段的钦定版《圣经》铭记于心。他的母亲能够熟练背诵大量的维多利亚时期的诗歌。麦克尼尔从父母那里继承了对于语言的热爱以及准确使用语言的习惯。

第二个重要遗产就是个人抱负，这一点主要得益于他的母亲。他的母亲不得不与自己的父母决裂，并且迫切地向她的父母证明接受大学的思想和教育并不是一个轻率的决定，而是一个十分有价值的选择。她对于自己的丈夫和儿子同样具有强大的抱负。她是那种飞机还没被发明出来就鼓励孩子去飞翔的父母，因此她鼓励她的儿子拥有远大的目标，努力工作，并且追求卓越。她的丈夫和儿子最终都成了芝加哥大学的教授。这并无益于弥补她与温哥华岛上亲人之间的嫌隙，但是却能提供给她一种深深的满足之感。

从在芝加哥大学的本科生阶段起，麦克尼尔就已经立志要写一部关于所有人类历史的大部头著作。他于1950年代中期开始认真落实自己的计划。在写作过程中迸发出的无数灵感和想法最终无法全部包含于他在 1963 年出版的《西方的兴起》一书中。[1] 其中有一些被他遗忘，有一些他虽然心向往之却最终没有实践[2]，还有一些则包含在了他在美国以及加拿大大学进行的一系列讲座中，并最终呈现为这本小书。

他于 1979 到 1986 年间准备的五场讲座构成了这本书的核心。那个时候，麦克尼尔处于他在芝加哥大学执教的后期，课程日少而旅行日多。这本书证明，他仍然保持着自己智识方面一贯的高超能力。通过这些讲座，读者能够迅速联系到他那些最富影响力的著作，因为这些讲座包含了他自认为最杰出的三部著作——《西方的兴起》《瘟疫与人》（1976）以及《竞逐富强》（1982）中被遗漏的思想闪光点。

前两章是麦克尼尔 1982 年在贝勒大学做的讲座。它们代表了麦克尼尔对特纳（Frederick Jackson Turner）理论中令人欣慰的美式虔敬的批评。他有时候说，他的加拿大血统使他对任何天真的爱国

---

[1] *The Rise of the West*, Chicago: University of Chicago Press, 1963.《西方的兴起》一书赢得了美国国家图书奖（National Book Award），并展示了世界级的历史书可以既清楚易懂又符合专业历史的评价标准。这本书展示了社会和文明之间的相互影响是历史变化的根本动力。

[2] 这一类的例子之一是中欧的盐矿研究。

主义式的美国历史保持警惕。

弗雷德里克·杰克逊·特纳于1880年代晚期提出的理论认为，美国边疆的广阔地带与美国社会的民主文化以及坚定的个人主义密切相关。这一理论丝毫没有提及奴隶制以及1861年之前奴隶制的西扩。[1] 数十年间所有学习美国历史的人都会学习特纳理论，并将其作为美国例外论的一部分加以接受。麦克尼尔则拒绝这一观点，将之称为一种"浪漫的迷惑"，并倾向于用一种更为广阔的边疆政治观点将其替代。

在这种视域更为广阔的边疆观点下，麦克尼尔认为人口密度较低、国家管理较为松散的土地常常会吸引那些已经建立了严密等级结构的人类社会：两者的相遇要么形成了特纳所看到的原始的平等主义，要么则正好相反地形成主人—奴隶式的残酷社会。在美国，这两种现象同时存在，并且它们也存在于巴西、俄罗斯、南非以及澳大利亚。这两个篇章是麦克尼尔延续沃尔特·韦伯（Walter Prescott Webb）和路易斯·哈茨（Louis Hartz）先前的研究，试图在更广阔的全球模式之下理解美国历史所做出的努力。

在解释边疆现象为何以及如何出现在1492年之后的美洲、

---

[1] Adam Rothman, *Slave Country* (Cambridge, MA: Harvard University Press, 2005) 对此进行了详细讨论。

1788年之后的澳大利亚、1652年之后的南非,以及俄罗斯、乌克兰方面,麦克尼尔较之韦伯和哈茨走得更远。他认为在疾病史中能够找到主要的解释原因。比如他引证在14世纪及之后的若干世纪中向定居者开放的乌克兰,黑死病像在美洲那样导致了大量的感染及死亡。不过麦克尼尔关于乌克兰和东欧的研究观点很少得到这方面专家的同意。他将欧洲向海外扩张以及在欧亚大陆向东扩张看作两个平行并列运动的观点,也难以说服大部分的世界史学家。

不过麦克尼尔更好地讨论了边疆的特征。他认为相较于粗犷的平等主义,强制劳动制度是世界各地边疆中更为常见的特点。俄国的农奴制、美洲的黑人奴隶制以及南非的奴隶制都是对劳动力缺乏条件下治理的回应,它们较之特纳和韦伯所推崇的民主个人主义更为常见。只有在因海洋的隔离军事保护成本较低的地方,例如北美和澳大利亚,自由和平等的社会才有条件兴旺发展起来。(即使是这样也难以解释1861年之前美国北方和南方的不同发展道路,或者解释1788年之后澳大利亚罪犯劳工的盛行。)

这两场讲座中的第二场之中,麦克尼尔将欧洲的人口增长现象与向地价低廉的大边疆的人口迁移联系了起来。这一连串既包括强制也包括自由移民的迁徙将一些致命性的疾病传播到了更远的地方。这一过程导致了美洲、澳大利亚、新西兰、西伯利亚以及其他地区的人口减少，并反过来为更多的移民提供了机会。然后到1920年代时，大边疆地带持续的人口增长终结了上面所述的这种模式，因此麦克尼尔将这一过程看作是暂时性的。故而大边疆形成所依赖的其实是1500至1920年间世界历史当中颇为不寻常的人口分布不平衡现象。

这些文章展示了麦克尼尔对于1500年之后世界人口统计史、迁移模式以及各地政治史的熟稔掌握。它们都试图说明前几代美国历史学家所认为的关于美国例外的各种特征其实是更为一般性的人类特征。麦克尼尔将自己的努力看作是对于偏狭的、爱国主义式历史的一种矫正。很多时候，这些文章都包含了20世纪80年代冷战期间美国和俄国之间的种种对比，但是麦克尼尔试图在那些美国人难以沾沾自喜的地方去寻找两国之间为何享有不同程度自由的解释。这些章节将人口增长、疾病以及人口迁移作为世界史发展的动力，可以说非常具有麦克尼尔的研究特征。

第三和第四章则包含了麦克尼尔1979年在克拉克大学做的讲座。简单来说，它们展示了麦克尼尔关于人类历史中微观寄生关系（microparasitism）与宏观寄生关系（macroparasitism）的思考。这些术语和概念是麦克尼尔在《瘟疫与人》一书中提出的。在这两章当中，他对这些概念进行了精练。

多层次的寄生关系概念在生物学上并不是一个陌生的概念。乔纳森·斯威夫特（Jonathan Swift）在1733年一首名为《关于诗：一首狂想曲》中预言了这一关系：

> 所以自然学家观察到，一只跳蚤
> 还有很多更小的跳蚤以它为食；
> 又有更微小的跳蚤咬着它们。
> 所以无限延续下去

大部分关于生物多样性的研究都得出结论认为在生物世界中寄生物要远多于非寄生物，因此自然界中在另外一个生物体内或依赖于另外一个生物获取营养的寄生关系，非但不反常还很常见。寄生物可能生活在宿主体内，可能是在宿主的皮肤上，抑或（像老鼠）是生活在宿主储存粮食的地方。虽然我们还没大方到要让所有的寄生物都寄生于人体内，但至少有437种常见寄生物寄生于人体，这还不包括大量的病毒和细菌。[1] 它们可能引起也可能不会引起疾病，但是麦克尼尔用微观寄生物（microparasite）特指病原体。

1　G. H. Perry, "Parasites and Human Evolution," *Evolutionary Anthropology* 23 (2014), 225.

微观寄生关系作为人类历史中的重要变量已经得到了时间验证。麦克尼尔和其他若干学者已经利用其历史学专业素养,证明必须将疾病看作重要的历史力量,特别是那些他称之为"文明的疾病",即像天花或者麻疹等,当人类没有得到免疫时,便会引起严重的致死性感染。如今世界历史的课本已经将疾病作为其中重要的讨论主题。世界上所有地区的研究者们都将疾病作为一个重要的主题进行研究,其中一些研究者将自己的课题放在麦克尼尔提出的疾病史框架下进行研究。

至于"宏观寄生关系",麦克尼尔意指人类群体中的小团体。生物学家意识到人类是其他寄生物的宿主,但没有意识到人类本身也是寄生物。将寄生一词用来形容人类并不容易,即使是用作一种比喻也没有降低这种使用的难度,因为寄生虫(parasite,而非宏观寄生物 [macroparasite])过去以及现在也时常被用来作为一种政治上的蔑称:马克思主义者们在批评资本主义时常常用到这个词,而纳粹则用这个词来辱骂犹太人。

麦克尼尔用宏观寄生关系形容的人类小团体包括统治者、官僚阶层,有些时候也包含军人。他们自己并不生产粮食,而是靠着他人生产的粮食生存。因此,从比喻义来说,他们就是寄生虫。辛勤劳动的农民将他们的一部分劳动果实通过税收或者其他征收形式交出去，进而供养着这些非生产阶级。用寄生这个概念去指称国家中的人员，会假定这些统治者、官僚阶层以及军人没有为他们所得到的给养提供任何作为交换的服务。但一般来说，尽管不完美，统治者、官僚阶层以及军人都声称提供若干服务，在现代社会中尤其如此。这些服务包括保护生产者免受武力攻击，提供司法行政服务，以及诸如建设以及维护基础设施等其他公共服务。在早些时候，统治阶级声称通过天赋权力（事实上是通过游说）对公共事务进行干预。随着国家和统治者逐渐将其中一些服务委以劳动大众，这个宏观寄生关系的概念至少可以说已经不够准确了。

相较于微观寄生关系，宏观寄生关系这个概念并不十分受历史学家欢迎。根据谷歌的 N-gram 语言模型计算，"宏观寄生关系"这个词最早于 1974 年在英文书籍中开始出现。但是用谷歌图书进行搜索并没有显示出在《瘟疫与人》之前使用这个词的著作。这个词在 1997 年有一个快速且短暂的应用高峰（每 50 万本出版的书中就有一本包含这个词），但到 2000 年时这个词就又一次被几近遗忘。从 1966 到 1970 年间，"宏观寄生物"这个词出现在书中的次数微乎其微，到 1981 年时已接近绝迹。在这之后，虽然出现频率仍然极低，但它成了英文书籍中一个固定表达。当然，谷歌 N-gram 模型并不能说明麦克尼尔以外的其他作者是如何使用这些术语的；也许它们只是被医学领域的作家用来指称那些比一般虫子或者细菌大一些的寄生物。

麦克尼尔已经意识到了这个概念所蕴含的不完美之处,并在1980年代早期以后越来越少地在自己的写作中使用宏观寄生关系这一术语。这个术语最开始吸引到麦克尼尔是由于它和微观寄生关系形成的对称性,以及它提供了将人类历史中的种种张力纳入生物平衡的视角进行理解的可能性。与此同时,他对于农民辛勤的劳作也一直抱有同情和敬佩,这一点通过他在爱德华王子岛上的表亲和祖先的生活深深烙印在麦克尼尔脑海中。一直到青春期尾声时,麦克尼尔都会在每个夏天去那里亲自体验这种农民生活。[1] 但是宏观寄生关系这个词并没有流行起来,它常常被人误解是对马克思主义的背书,但其实麦克尼尔并不是马克思主义者,并且这个术语最终被麦克尼尔不情愿地抛弃了。

这本书中的最后一章是麦克尼尔于1986年在普林斯顿所做的讲座。它代表了麦克尼尔又一次试图解释人类历史中另一个反复出现的现象,并将其纳入一个大的解释框架的努力。这一现象就是灾难,其核心思想即是无论人类具有怎样的智慧和野心,灾难都不

---

[1] 直到1946或者1947年,拖拉机才被引入他亲戚生产土豆、乳制品以及粮食的农场,这些农场以往通常都依赖人力和畜力。

可能从人类经验当中消失。每一次试图从灾难中保护某个群体的努力都有可能会对其他群体造成影响，抑或引起频率更小但影响更大的新灾难。他在这一章开始时讨论的对密西西比河洪水泛滥进行治理的例子，正是对这一核心思想的解释。那些建造堤坝的社区通过将洪水疏导到他人的地界来保护自己，当所有人最终都建造了堤坝时，洪水就会越来越少地越过河床。但是洪水一旦来袭则必然造成比之前泛滥更为灾难性的后果。

麦克尼尔将这个概念引入对宏观经济管理的讨论，将金融以及财政的种种政策工具类比为堤坝的建造。根据他的观察，设计精良的经济政策往往通过转嫁的方式保护自己所处的群体免受经济危机带来的不良影响。而巧妙的经济管理总是会由于减少小型危机的频次导致更大规模危机的发生，1930年代的大萧条就是一个例子。麦克尼尔还将堤坝原则应用于企业管理，认为管理更好的企业往往以那些管理不善的企业的利益为代价为自己谋利。但是这一谋利过程并不是可以无限进行下去的，最终那些管理不善的企业会消亡，抑或加强自身管理。

唯一对麦克尼尔这一章公开发表的回应来自身为经济学家和金融危机历史学家的查尔斯·金德勒贝格尔（Charles Kindleberger）。他的文章和麦克尼尔这一篇章同时出现在1989年《代达洛斯》

（*Daedalus*）杂志中。[1] 金德勒贝格尔通过反驳将若干次经济衰退，特别是自 1873 年开始的那次，算作灾难的观点，为经济学家的荣誉以及经济调控的有效性进行了辩护。麦克尼尔这篇文章的价值很难通过谷歌学者的引证量去判断（26 年当中被引证 21 次）。

然而，2008 年的经济崩溃赋予了这篇文章新的意义，但无论是用于理解洪水控制还是经济管理上，其中心思想仍然有待进一步考察。2008 年之前的约 25 年间，美国的经济管理史无前例地充实了金融和银行的款项，但与此同时几乎掏空了工业部门。政策方面以牺牲制造业的方式保全了金融部门。当自由被政府交给金融家们时也带来了经济崩溃，而 2008 年的经济崩溃的破坏力史无前例。对于这次经济危机仍然能够用麦克尼尔提出的灾难守恒定律进行解释。但金德勒贝格尔（已于 2003 年逝世）是否会把 2008 年的经济危机及其余波视为灾难，我们将无从得知。

如麦克尼尔在其前言中提到的，这五篇论文涉及人类事务中有意图行为的种种悖论。我们的种种努力常常会产生意想不到的结果，而这些结果往往是不被我们欢迎的。他将持续地发现那些人类历史中的众多意料之外的行为结果作为自己的重要职责之一。他私

---

[1] *Daedalus*, 118 (1989), 1-15.

下里轻视那些将自己囿于档案资料,并认为统治者和政治家的所思所为主导了历史进程的历史学家。他自己研究教会历史的父亲,很少允许自己脱离档案材料进行思考。但威廉·麦克尼尔的治史路径恰恰相反,他乐于思考、概括,以及寻找模式(patterns)——他最喜欢的一个词。麦克尼尔作为一个历史学家的优势不是基于对档案材料的研读,而在于他对更大历史图景的描绘。这五篇文章完美地表现了他的思考习惯。

J. R. 麦克尼尔

前　言

　　大学机构寻找学者进行名誉讲座时，往往只给演讲者几个月的准备时间。这本书所集合的这些篇章都出于这样的情况。题为"人类状态"的篇章是1979年于克拉克大学为布兰德·李系列讲座（Brand-Lee lectures）所做的报告。"大边疆"的两个篇章则是1982年在贝勒大学为埃德蒙森系列讲座（Edmondson lectures）所做的报告。最后一篇"人类事务当中的管理和灾难"则是1986年于普林斯顿大学为亨利·斯塔福德·利特讲座（Henry stafford Little lecture）所做的报告。

　　这些文稿在付梓之前几乎未经修正：一个原因是我认为报告文本忠于讲座时的情境应是报告的意图之一；另一个原因是每当手头的事业有了着落以后，我就急切地想要开展新的研究。这使得这本书得以保存文稿伊始的新鲜度；但同时这也意味着文中所涉及的主题都讨论得十分匆忙，很多枝节并未展开讨论。事实上，正是它们速写式的特点使它们组合在一起，它们都是要讨论人类历史中新兴的且尚未仔细论证过的一个重要概念。

对于我来说，本文稿的核心议题是历史学家如何解释人类自觉的**目的**与超越人类意识的**历程**之间的关系。人类自觉的目的曾经是历史学家唯一关心的主题，而超越人类意识的历程或许还未被它们所影响的人类所认知。目的与历程之间的关系对于普通人来说仍然是一个谜，因为精心设置的计划和仔细准备下展开的行动往往产生了人们意想不到的结果——有时是灾难性的，有时则无关紧要，另一些则是有意外收获的。

我们继承了关于期待和真实经历之间持续不一致的两个强有力的解释。首先，《圣经》中阐述过的神意告诉我们人类的目的有时与上帝的全能意愿符合，有时却与之相背，因此人类的目的总是在实践中被扭曲或者改变。其次，古典希腊作家——剧作家、历史学家以及哲学家——认为无论众神还是人类都服从于命运。希腊作家所描述的命运有时被拟人化为三位命运之神，有时则被描述为不可避免的必然性，一种类似于自然法的存在，至少在他们的著作中被描述为像定律一样的存在。如果是像定律一样的存在，那么或许人类可以解码其中的奥义，这种可能性使雅典的悲剧作家以及希罗多德和修昔底德着迷。尽管通过寻找人类狂妄行为和所导致的灾难来解析命运的努力，产生了以上两种有力的历史叙述，但却无法解释希腊化时代的政治，以及罗马的兴起。罗马的兴起打破了一切温和适度的原则，因为其狂妄的行为在若干世纪中都没有受到任何惩罚。当罗马最终开始衰亡的时候，犹太—基督传承之下的神意说法才又成为理解其历史的唯一充分解释。

在牛顿提出宇宙和地球运行的新观点之前，将人类的目的作为决定历史进程中一个从属因素的观点，对于欧洲人来说似乎是不言自明的，因为人类的意愿只是上帝用来实现其高深莫测旨意的手段。但当牛顿关于机械论世界观的优美数学公之于众时，神对自然世界的干预这样一种解释开始变成一种对神的亵渎。此外，如果上帝避免遵循他为宇宙创设的运行规律来创造种种神迹的话，必然有别的规律掌管人类事务。因此关于目的和历程如何结合起来创造历史的问题再次开放给人们进行思考，这个问题时至今日并没有得到答案。

19世纪，人类希望将研究社会的学科发展成类似于物理学以及天文学那样的科学的想法导致了社会学的出现。在19世纪末期，尽管人们一直盼望的关于人类社会的规律尚未被发现，但是这种学术追求被制度化了。历史学家则走了一条完全不同的路径，这很大原因是因为历史学在19世纪初成为一门学科（至少在德国），当时对法国大革命中所展现出的无神论的对抗势头正劲。因此,兰克以及其他所谓"科学的"历史的先驱们,肯定了上帝在某些终极层面上执掌历史的观点,即使上帝神命的高深莫测常常意味着上帝对人类事务的进行干预的具体证据往往难以追踪。他们不再苦苦追寻人类事务中神意的踪迹,而是转而提出易于被界定的,并可以给出"科学的"答案的问题。他们希望通过阅读各种书面记录,对这些记录进行比较,以及根据他们的理解梳理违背人类或自然可能性的种种事项,理清人类历史中所发生之事。

事实上这些方法已经取得了很多成绩。德国的研讨班最终催生了关于中世纪以及近代早期的欧洲历史的详尽叙述,主要是在政治史方面。这种学术方法在19世纪末传入了美国,并用来解释美国以及欧洲的历史。这是20世纪30年代我的老师们试图传授给我的学术传统。在那个时候,我对于他们的观点和方法都不是完全满意,因此常常试图探索我的前辈们不关心或者被遗漏的那部分人类历史。

首先,也是最明显的一点,这意味着拓宽历史学的考察范围,也就是要考察被我的老师们心照不宣地排除在研究范围之外的五分之四的人类。对我的老师们来说,只有欧洲和美国的历史是值得进行研究的。从欧洲中心论到全球史观的转变尚在进行之中,但是可以看到这种转变正迅速在我们学校中占据领地。这一转变是在少数几位专业历史学家以及教材书写者的助力下进行的,这些研究者试图向年轻一代提供人类在地球上活动的多样模式。

毫无疑问,所有的人类社会都值得在我们的历史叙述中获得一席之地,但是很难决定哪些事项是真正重要的。作为一门学科,历史学很难做到面面俱到:太多我们可以知晓的部分。我们应该忽略哪些问题的论述以使过去的历史更为清晰呢?

一个简单的答案是通过从过去选取数据来增强群体意识。无论是在德国大学中"科学的"历史学出现之前还是之后,这都是大部分历史学家所选择的路径。民族国家史学是第一代专业的科班历史学家所取得的最为重要的成果。那些民族国家之内次一级群体的集体意识(常常在历史中受到伤害的群体)近来成了学术的优先关注点。但是,据其定义来说,世界史家很难通过在任何既存的人类群体之中培养自我意识来获得很大进展。

人类作为一个整体的意识在很大程度上只是一种可能而非现实存在。但是正如地球上大多数民族国家先由各种政治事件创造,并进而在历史学家帮助下产生共同意识那样,我认为要形成这样一个人类的共同意识,要先由各种政治和经济进程创造一个密切联系的人类共同体,所有的人类和政治体都被迫以从属的身份参与到全球体系当中。在 20 世纪的最后十年中我们并不缺乏这样的条件，而世界史家们如果能够为此提供合理的解释，那么他们就会像民族史家之于 19 和 20 世纪兴起的民族国家，抑或二战以来专门史家之于少数亚群体那样，为全人类共同意识的形成做出贡献。

如果真能这样的话，我认为世界史家则不得不去回答关于目的和历程之间关系的这个难题，这个超越我们前代学者一般思考范围的难题。重要原因之一是世界历史的重要变化往往超越政治边界，并且不受任何人的精密控制。这就将目的和历程之间持续的矛盾推到了最显著的位置上。只要历史叙述的重心仍然是政治叙述（就是民族史家过去做的那样），目的和历程之间的矛盾就可以简单归结为国内和国外不同政治势力之间的斗争结果。这使历史学家可以将上帝以及其他终极解释抛诸脑后。他们可以舒舒服服地满足于解读自己的史料，同时忽视那些当代人常常意识不到的重要因素。

但是当历史学家试图解释整个世界的历史时，仅仅关注统治精英言行的历史叙述则不再具有解释力。即使是过去的那些大帝国，精英意识也只是一种地方意识，然而那些联结国家和各种群体之间的关系已经将他们都纳入了所谓的世界体系。我所说的世界体系是由人类社会组成的集合体，不同社会间各种思想、货物、疫病、粮食以及科技的流通将它们充分联系起来。在船员们能够跨越海洋之前，在世界各地散落的世界诸体系围绕着一些拥有高技术的中心区域发展起来；慢慢地欧亚世界体系的发展超越了其他世界体系。

从1500年开始，最初内部各个社会彼此密切联系的欧亚体系逐渐发展成为一个真正的全球性世界体系。与之相应的变化是，以前不受历史记录者和官员注意的跨文化史或世界史开始变得越来越显著。这样的发展使得无视全球性的纠葛去讨论民族国家历史变得不再可能。但是如果我们想要了解最新出现的世界体系的历史根源和历史发展进程的话，仅仅依靠整理、比较和考证存世的文字资料不再是一条令人满意的路径。历史学家需要转而去寻找那些有关大规模、长时段历史进程的证据。这些证据在官方史料中即使不是完全没有，数量也很少，但它们却是偶尔的，甚至有时是以一种剧烈的方式改变着人类生活。

交通和交流网络无疑改变了各种新兴事物在过去世界体系中进行扩散的方式。无论在何处发生的交通运输方面的重大突破都会改变原有跨越文化和政治边界的相遇模式。工具、艺术形式，以及其他物质技术的扩散（以及在各地的调适）通常有迹可循，正等着历史学家去敏锐地发现它们。另外病毒以及其他微生物在新环境中的扩散也影响着人类历史，有时是以至关重要的方式起着作用。欧洲以及非洲疾病的输入在美国土著中造成的蹂躏破坏，就是一个证明新的交通联系可能带来巨大影响的例证。更近的一个例子是一种来到欧洲的真菌在1840年代侵入并破坏了马铃薯植株的叶子，进而引起了1845年到1846年间的爱尔兰饥荒，这场饥荒给英国、美国乃至世界历史都带来了深远的影响。

如何理解其中的复杂性？这里收录的文章以一种初步和不完美的方式对这个问题进行探索，因为一个简单的事实，那就是我在这里给出的答案并不能完美回答在全球以及地方范围内事情为什么会如此发生。我并不期待能够给予读者完美的答案，鉴于当今气象、恒星的诞生与灭亡等领域中对混沌历程的理解，我不期待考察人类社会的领域能够成为一门进行预测的科学。但是这并不意味着我们不能够对嵌有人类目的的历程有更多的理解。

特别是1963年当我发表了自己在世界史领域的第一部重要著作时，我更加认同人类的历史是被嵌到一系列影响整个生物圈的事件中去的。这是我在克拉克大学主要阐释的观点，即副标题所说的从生态和历史的角度考察人类状态。同时我对于人口激增和锐减在人类事务中发挥的作用也更为敏感。这一观点为我关于大边疆的讲座提供了大框架：我认为边疆地区多种多样社会的崛起是对以下两种并列现象的一种回应，即世界上已经对某些疾病免疫的人口出现了激增，而那些之前与世隔绝的人口因为遭遇新疾病而出现灾难性的锐减。

近代沿着大边疆展开的一系列生物和文化接触的互动所引发的巨变，因此可以看作人类经验一般模式中一个近期的且特别引人注目的例子，这也成了我这本集子最后一篇文章中所阐述的主题。正如我在那场讲座临近尾声时所得出的结论，人类事务处在各平衡系统的层级结构之中：这些系统包括物理—化学系统、生物系统，以及符号学系统。这一层级结构的一个特点是某个层级的变化会侵入并改变其他层级的平衡，有时是以一种意想不到的方式实现的。比如说，地球上的生命发展现在已经被认为改变了大气层的化学结构，而人类通过使用各种符号组织起大批人的共同行动也一直不断地改变着我们周遭的生物和物理—化学平衡。

在这样一个平衡系统中，人类的目的和计划常常表现得既具有决定性又十分脆弱。它们具有决定性，是因为基于有意识的目的和计划的人类行为在整个系统中都是最具有改变力的因素，它们不断将变动纳入这个系统，因此不断给符号的、生物的以及物理—化学的平衡带来冲击。但与此同时，人类的目的有时是如此的脆弱，因为从未完全掌控它们所希望影响的各种环境。很多时候它们只是一个引子，触发了一系列它们的实施者们都难以预料的结果。我认为这会继而引起一些更有能力的人去改变自然平衡来适应他们自己的需要，但这通常隐含着更大的灾难因素。

　　这样一个结论对于解答历史为什么会如此发生并没有太大帮助。不过这一结论仍然值得一提，以提醒我们对于自己的行为所可能引发的结果依然愚昧无知。我们知道的以及试图去理解的越多，我们就越能意识到人类历史的不确定性和开放性。由于难以预见最终的结果，我们不断地改变着自己的行为。我们仍然处在始于大爆炸（可能如此）的演进历程中，这一历程通向一个我们不知道的未来——这一未来蕴含这样一个系统，物质和能量在其中展开，恒星形成又最终解体，太阳系形成但最终也会解体（不过生命会在那之前就消失），人类社会在地球上产生、演进，而其结局现在还未知。而且由于我们使用语言和象征符号来解释我们周遭的一切，那些奇特或者出人意料的结果就是我们知道了（或者我们自认为知道了）大量关于事情是如何发展至今的——这包括对人类及其无数子群的现状的理解。

　　从这个角度看，历史学变成了一门真正无所不包的学科，它可以包含其他所有一切，而历史学家的任务就是整理和分析大量的数据。这些数据远比研究民族国家历史的前辈们所依赖的档案材料庞杂得多。没有人可以将所有的知识都整合成一个让所有人都满意的解释，但是我们仍然要试图去理解。这就是人类思想对待我们所处世界的方式，即通过给出解释，归纳经验，并将自己的想法（当然是由符号表达的）投射到整个宇宙来理解这个世界。

人类一直都是这么做的。我在这里的反思、思考和考察只是人类习惯中一个近期且另类的例子。我希望读者能够通过拣选他们已知的东西，挑战和改变我的观点来适应他们的需要，进而构建他们自己的一套历史的世界观。这样的一项事业代表了人类最深处的冲动之一，即通过将我们日常的细节与真正紧要之事联系起来去理解我们的世界。

威廉·麦克尼尔

1991 年 11 月 27 日

第一部分
大边疆：近代的自由与等级

致　谢

这些文稿最初是为贝勒大学 1982 年 3 月 31 日到 4 月 1 日的第四次查尔斯·埃德蒙森历史讲座所做的。鲁弗斯·斯贝恩（Rufus B. Spain）教授安排了这次讲座，并从我建议的若干讲座主题中选择了下面论述的主题，因此下面这部分文稿的诞生部分要归功于他。

从讲座安排伊始，我在芝加哥大学的同事们：包括约翰·科茨沃斯（John Coatsworth）、大卫·格兰森（David Galenson）、弗里德里希·卡茨（Friedrich Katz）和阿瑟·曼恩（Arthur Mann），都通过提出许多建议并更正很多错误，改进了我的初稿。我在 1982 年秋季所开的"1750 年以后人类生态学"课程上的同学们也阅读了我的文稿。根据他们的意见，我对其中几个段落也做了相应的修改。最后我的夫人和我的女儿就像她们的祖先在边疆整理羊毛那样，以极大的耐心帮我梳理文稿。

对于这些帮助，以及普林斯顿大学出版社爱德华·田纳（Edward Tenner）对此文稿表现出的热忱，我深表感谢。

威廉·麦克尼尔
1983年1月于芝加哥

第一讲：1750 年之前

19 世纪后半期，美国东部城市居民对于伦敦和巴黎有一种持久的难以抑制的文化自卑感。与此同时，许多老派的美国人对移民的大量涌入感到惊慌。他们认为移民的多样性问题如同美国内战前几十年间奴隶制问题一样，严重地威胁着共和国未来的团结。在这种舆论氛围中，弗雷德里克·杰克逊·特纳（1861—1932）在 1892 年由刚成立不久的美国历史学会（American Historical Association）与哥伦布纪念博览会（The World Columbian Exposition）于芝加哥共同举办的一次会议上，发表了毫不掩饰地方偏狭色彩、标题为《边疆在美国历史中的意义》（The Significance of the Frontier in American History）的论文。特纳的理论提出不到十年就被大家认为是一种召唤，不过这标志着一种进步抑或倒退仍是值得深入思考的问题。

一方面，如果相信特纳的理论，那么疲惫的东部居民就无需担心落后于欧洲文明。相反，一个自身拥有鲜明特色的崭新的民族已经在西部的苍穹之下形成，因为"边疆的推进意味着对欧洲影响的决绝远离,也意味着独立沿着美国的疆界稳步发展"。[1]民族的统一和民族身份同样安然无恙,因为"在犹如熔炉的边疆之下,移民已经被美国化、自由化,并熔合成一个混合的种族,对于这个种族来说,英国既不是其国籍也不是其品格特性"。[2]因此与欧洲的文化差异并不是美国低人一等的证据,反而是由对自由土地以及由边疆所产生的各种自由激发出的一种独一无二的本土回应,因为"美国智识的出众特质正要归功于边疆"。[3]

另一方面,诚如特纳在其文章开始和结束时谨慎讨论到的,人口普查局已经正式宣称边疆在1890年就已经消失了。这对美国文明的未来又意味着什么?难道由边疆所激发的美国独特性,其衰退犹如其兴起一样迅速?用特纳自己的话说:"他或许是一个鲁莽的预言者,声称美国生活扩张的特性已经全面停止了……但是自由土地对他们的种种恩赐将再也不会降临。"[4]

由此边疆理论既吸引了乐观派也吸引了悲观派,既吸引了西部居民同样也吸引着东部居民。特纳观点所持续获得的非凡关注验证

---

[1] Frederick Jackson Turner, *The Frontier in American History* (New York, 1920), p.4. 这本书是特纳论文集的重印。

[2] Ibid., p.23.

[3] Ibid., p.37.

[4] Ibid., p.37.

了它在我们社会内所引发的共鸣之广。¹

约两代人之后，沃尔特·韦伯（1888—1963）通过提出讨论范围遍及全球的大边疆（Great Frontier）概念，将特纳的理论扩展到美国边疆之外。² 韦伯认为大边疆为欧洲的大都市带来了暴利，而这些收益反过来延长了自1500年就开始的漫长的经济扩张时代。这些财富的主要形式就是欧洲移民在亚洲、非洲、澳大利亚和南北美洲所获得的免费土地，以及大量可以轻易开发利用的金银财富。但是大约1900年之后，这些收益就成了过去之事。在韦伯构思其著作期间，20世纪30年代的大萧条不仅标志着美国历史而且标志着世界历史进程中边疆较为容易开发利用时期的终结。因而在韦伯笔下，边疆理论的远景无疑是悲观的。或许部分是出于这个原因，韦伯理论的影响力远不及特纳的理论，在得克萨斯之

---

1 Margaret Walsh, *The American Frontier Revisited* (Atlantic Highlands, N.J., 1981) 总结了最近这方面的讨论；Ray Allen Billington, *The American Frontier Thesis: Attack and Defense,* rev. ed. (Washington, D.C., 1971)，同样讨论了特纳史学，尽管对特纳理论有些亦步亦趋，但进行了教科书般的明智处理。

2 Walter Webb, *The Great Frontier* (New York, 1952). 这本书的最初想法诞生于1936年，并在之后的研究生课程中逐渐成熟。Cf. Necah Stewart Furman, *Walter Prescott Webb: His Life and Impact* (Albuquerque, 1976), p.108.

外¹，他的理论被历史学家迅速抛弃并被大众所遗忘。

对于这一理论的拒斥确有若干令人信服的理由。第二次世界大战以及随之而来的三十年繁荣似乎有力地驳斥了韦伯悲观的经济预言。除此之外，二战之后美国历史学家认为欧洲的扩张历史不再是一个值得投入任何学术精力的领域。相反，通过帮助亚洲和非洲人书写他们的历史来摆脱欧洲的帝国主义成了新的学术潮流。²韦伯综观全局式的视野也就相应地不再被人理睬。研究者们发现澳大利亚、南非和拉丁美洲的边疆与北美的边疆并不相同，在那里法国和英国开拓者的行为也不尽相同。与此同时，欧洲本身从历史学家的研究视域中逐渐消退。民族国家的、区域性的以及主题性的研究占

---

1 他的朋友们在得克萨斯大学阿灵顿分校设立了一个每年进行的沃尔特·韦伯纪念讲座。由这些讲座编成的两本书与我的讨论相关：*Essays on Walter Prescott Webb, The Walter Prescott Webb Memorial Lectures*, X (Austin, 1976), and George Wolfskill and Stanley Palmer, eds., *Essays on Frontier History* (Austin, 1981)。

2 这一潮流与特纳试图从欧洲的束缚中解放美国历史的努力类似，两者都执着地追求着地方主义，强调本土传统，否认或者弱化外来的，特别是欧洲的影响以及全球性的相互关联。诞生于不同时期的相似观念都源于狭隘的政治对其产生的影响，这一观点包含在了欧文·拉铁摩尔笔触优美的论文"The Frontier in History"中。这篇论文最初在1955年第十届国际历史科学大会上发表，并收录于 Owen Lattimore, *Studies in Frontier History: Collected Essays, 1928-1958* (London, 1962), pp.469-491。尽管我是在完成这些文稿之后才阅读拉铁摩尔的著作的，但我发现拉铁摩尔的全球观点在很多有趣的方面都与我之后的观点类似，因此我的观点在阅读他的著作之后并没有什么相应变化。

据了重要地位。而美国大学和文理学院的欧洲史教授们在欧洲的世界霸权崩溃以及跨大西洋航线价格愈发低廉的情况下，通过穷尽历史档案，来与他们的欧洲同事们在提高自身研究准确性的游戏中一较高下。

然而，战后美国学术界出现了一股异常孤立的学术反潮流。这一潮流源于社会科学研究理事会（The Social Science Research Council）的支持和赞助，它希望能够通过将分置于大学内各个科室的人文社会学科集合起来，以超越传统学科边界的方式对某个特定的人类社会或者某些地理区域进行研究。跨学科研究因此在没有获得太多的学术声誉的情况下培育了大视野。

这种情况激励了路易斯·哈茨利用其在哈佛的美国研究的学术背景写出了颇具争议性的著作——《新社会的奠基：美国、拉丁美洲、南非、加拿大和澳大利亚的历史研究》（*Founding of New Societies: Studies in the History of the United States, Latin America, South Africa, Canada, and Australia*, New York, 1969）。哈茨和他的同事们（他将拉丁美洲、南非、加拿大和澳大利亚的详细研究分配给了与他具有相似想法的同事们）在相当多样化的边疆经验当中找到了一个有意义的模式。其他著作所推崇的地方差异性观点使韦伯的综合型观点失效，但韦伯的观点在哈茨这里却显示出了合理性，因为哈茨将每处海外移居地都看作对原先欧洲复杂阶级结构片段的移植。每一片段从其原先的语境中被剥离，植根于新的土地上，随后根据其自身的逻辑动态继续发展。每一片段逐渐因其自身最初转移时破碎的、不平衡的特征，从而有别于欧洲模式或者其他边疆的发展模型。

这种观点肯定了欧洲遗产在决定后来的社会和文化发展中起到的核心作用。与此同时，这种观点强调了往新地方转移伊始就存在的缺陷。虽然没有明确说明，但哈茨关于美国文化和社会的观点暗示，与欧洲母体已具有的完全复杂性相比，美国这一"片段"具有永久的劣等性。通过如此定义美国生活，哈茨重新表达了有教养的东部居民长期以来与特纳和韦伯所认为值得庆祝的荒蛮粗鄙特质的疏离感。辩论的术语也改变了，瞧一下哈茨用来形容其新社会的那些词语——"封建""布尔乔亚"，还有"激进的"。不过辩论仍使衰老的东部与新兴的西部像从前一样进行对抗。

因此在我看来，哈茨对边疆社会的描述与特纳一样具有狭隘性，同样亟需得到改进。而且如果我们想让美国历史作为一个整体而再次得以为人所理解，我们就必须改进。如果我们希望能够理解专业历史学家已经投入极大精力来解释的美国历史中地方性的、种族的，以及主题性的维度和问题，我们就亟需一个大框架。在这个框架下，整个民族经验当中的方方面面都能被契合进去。否则的话，越来越多能够在文献当中得到证实的事实只会变成记忆的负担，而我们的历史研究也会有演变成古物研究的危险。

问题在于早先几代研究者所持有的过分乐观的观点现在看来是不充分的。这种观点将美国历史的意义纳入物质文明进步当中，认为进步由在边疆所践行的自由所确保和维持并最终被编入宪法。太多的人都被这种观点所忽视：黑人、女人、少数族裔等。

即使是在路易斯·哈茨调整过的模式当中，阶级意识仍是一个完全不够理想的替代品。专业历史学家对此的回应是将注意力集中在细节上，希望越来越多的事实细节可以使一个更好的整体描述逐渐自动地脱颖而出。但是在各个群体的历史被书写时，各个群体已经被美国人有意识地分隔开来，又或许是在历史学家的回顾之中被分隔开来。图书馆中被书架分隔的各郡县各州的历史相加并不能得到整个民族国家的完整历史，也不能成为美国历史的替代品。割裂的视野以及对细节的关注并不能提高准确性。只见树木有可能遮掩整片森林，全神贯注于无穷地区分不同树叶的工作则会让树木本身消失于视野之中。换句话说，每一次历史细节的提升都可能会影响我们看到更大的模式，而这些大的模式比任何被分割的部分历史所能发现的东西对公众的行动和理解都更为重要。

第一部分　大边疆：近代的自由与等级　…009

另一个极端的观点则是将美国历史看作范围广阔的欧洲扩张历程的一部分。这种观点似乎意图剥夺美国历史的独特性。但是如果能合理地调试以认清两者之间的不同点和相同点的话，我认为这种观点比以往所有有关自由和繁荣的民族主义史学能提供关于我们过往更为准确和全面的观点。这种观点将美国作为人类以及诸民族大家庭中的一员，放回世界当中去观察，并使其能够和旧的欧洲文明中心并置考量。通过认真地考察现代大边疆现象，我们在发现富有和成功之外，还能发现压迫和贫穷，从而避免一种对于自由主义的、拥护国教主义的美国史版本的主要批评。

这里主要归功于韦伯的贡献。他提供了一个恰当的框架，用来将美国历史作为全球文明扩张过程的一部分来重新评估。我们先辈极为珍视的进步和自由在这一过程中扮演了重要角色；不过它们的反面，例如奴隶制以及对所有挡道的非欧洲文化和社会的破坏，同样也扮演了重要的角色。如果我们拥有足够的智慧和敏锐去看到改变中无时无刻都反复出现的两方面毁灭和留存，否定和肯定人类生活中已确立的价值，那么我们就可以通过接受这一框架，在我们的历史中为成功和失败都找到合适的篇幅。

尽管或许有些鲁莽，但这正是我要在讲座中贯彻的。尽管鲁莽，但并非不可能：真正重要的不是细节，而是视角和均衡的比例。

* * *

类似于特纳，韦伯的"大边疆"同样是那些从欧洲获得各种技能的人与美洲印第安人或"野蛮人"相遇的地区。"野蛮人"即当时尚无力去抗拒白人移民所具有的高人一等技能的那些人。被白人所占用的所谓"自由之地"其实曾为他人所有所用。一个社会的扩张是以另一个社会的毁灭为代价而实现的。同样地，美国的边疆只不过是具有不同技能水平的社会之间彼此接触和碰撞的一个极端例子。这样一种模式贯穿人类历史始终，是人类历史最为重要的主题之一。

当具有近乎同等的技能水平、数量以及组织机构的人们在边疆相遇时，一方在该地理区域完全取代另一方的情况就不太可能发生。在划界区域仍有可能发生小的冲突，并使双方各有胜负。但是只要双方保持基本的平衡，那么就不会有剧烈的变动发生。来来回回小的变动也是意料之中的事情。出于某些原因，具有新兴价值的技术和思想可能会从一个社会向其相邻的社会传播。但是只有在界限一侧世代相传的局面不能再正常进行之时，根本性的变化才有可能发生,因为在绝大多数的时候,比起新的东西,人类更倾向于选择安全和熟悉的东西。然而当制度衰败到不能再抵御来自外部的压力时,颠覆性的历史改变则可能会发生。人类文明中重要的分水岭,例如亚历山大对西亚以及埃及的征服,日耳曼对罗马帝国的入侵,或是穆斯林对中东以及北非的征服都见证了重大的转折。

类似事件是非常稀少和特殊的,因为它们超出了我们日常遭遇的范畴。更为常见也更为重要的边疆现象则发生在某个社会与其相邻的稍强或稍弱的社会之间。在这种相遇之下,当技能较弱一方意识到彼此之间的差距时,一般就会通过获取技术追赶并试图最终超越其强大的邻人。另一种情况则是,较弱一方会采取措施加强防御,抵制外来的生活方式威胁自己所珍视的地方文化传统。任何一种反应都有可能带来更为深远的社会转变。

在我看来这才是历史变化的主要驱动力。与那些行事方法不同甚至具有威胁性的陌生人之间的遭遇,极有可能就是从古至今触发和传播新事物的主要因素。当处于相遇交点的某些社会首次取得明显高于其邻人的技能时,或者说当文明第一次出现在地球上时,高低技能人群之间持续不断的互动就已经蓄势待发了。尽管逆流或者地方性文明的垮塌时有发生,但地球的各个部分最终都不可避免地服从或者融入文明的社会结构。

在任意文明内部，类似的互动也发生于中心和边缘之间，都会和地方省份之间，以及上层阶级和下层阶级之间。凭借职业的分工和专门化，文明社会得以产生和维持。不同的技能以及冲突的利益由此分裂出了彼此冲突的文明群体。由于文明的边界从来都不是清晰划定的，这种内部的摩擦和区别，与文明中心和边缘"野蛮"群体之间的两极化以一种细微的方式融合在了一起。

我的讨论因此归于这样一个结论：文化差异产生历史变化，这一过程既可能发生在一个文明社会之中，也可能跨越其边境。气候以及其他的限制因素当然会对这一互动过程形成制约。农耕技巧不可能轻易地传播至荒漠之地。疾病同样也是制约密集人口向新的土地扩张的重要因素。土地的耕种是有利于耕种者的，但当用于对抗敌方军事侵扰的保护成本过高时，耕种者将会难以为继，而另一些情况下这样的保护却有利于他们的生产。基于所有这些原因，尽管最初由少数文明中心所握有的较高技能可以世世代代地向新的地方传播，地球上的文化图景却从来不是均匀一致的。[1]

只要运输和交流的模式变化缓慢，文化的互动就会一直进行下

---

[1] William H. McNeill, *The Rise of the West: A History of the Human Community* (Chicago, 1963) 利用这个论点来解释世界历史。

去，并且不会产生诸如令特纳或者韦伯所赞美的那种边疆。由于新的技能只在非常有限的距离范围内，或是在具有类似知识和组织结构之间的人群之间扩散，毗邻人群之间的不同被维持在相当小的范围之内。仅有的显著性差异，例如游牧民族和定居农耕人口之间的差异，则由于人类对于持续的地理多样性的不同适应而成为持久性的差异。

长期以来，畜牧和农耕社会之间的差异在旧世界中都十分重要。这是因为游牧民族进入耕地的重要地带，占据了东半球的广阔区域：沿着非洲大草原的边缘，横跨欧亚大陆上更为广阔的草原和沙漠地区。从公元前800年游牧民第一次学会从马背上射箭到公元1400年，在沙漠和草原上行动更为迅捷的人们一直保持着军事上的优势，并且因而能够按照自身意愿于某一特定区域集中自己的优势力量。事实上，来自草原的入侵者断断续续的征服占据了欧亚及非洲文明社会政治史的极大篇章，而其后继者的统治也被农耕人口的反叛反复地打断。游牧民征服与农耕人口反叛之间这种此起彼伏的节奏唯有在旧世界的两端——日本和西欧才没有那么明显及重要。[1]

---

[1] 无论如何，欧洲和日本在其历史的早期都屈服于来自草原的征服者。他们在13世纪草原军事权力达到顶峰时击退了来自蒙古的威胁。

据我所知，在南北美洲、澳大利亚以及南非发展起来的所谓"开放"的边疆，在1500年之前从没有形成过。当新石器时代农耕人口第一次穿过狩猎人群先前自由漫步的森林而将他们的耕地扩展到欧亚大陆时，这与近代边疆的兴起只具有非常微弱的相似性。但是这一切发生在有文字记录的历史之前，而且没有考古记录能够证明当时较为先进的农业是否引发了像在美国边疆那样的大规模的人口置换，也没法证明是否狩猎者当时已经开始向他们的邻人学习如何耕种土地和收割庄稼的技能。两种进程都是有可能的，但程度如何则没人能说清。

与近代边疆现象最为相近的历史现象大概是中国社会从最初的黄河谷地向南方的扩张。中国人的开拓进程开始于公元前800年，并且断断续续持续至今。这是一个相对缓慢，但范围广大并且持续的过程，包括了对于自然景观的完全重塑。伴随其向南发展，中国人开垦稻田，保持每一块田地都非常平坦，并在庄稼的生长期往稻田里注入适当水量使其表面被淹没。对绝大多数较大的水流来说，水资源的有效管理需要建造运河，筑造堤坝，以及改善河道。因此，中国人建造了能够将扩大了的政治体有效联系起来的交通网络，这一网络本身或许比监督其建立的儒家官僚制度更能有效地维持政治体内部的联系。

就像笨重且运动缓慢的更新世冰盖通过冲蚀逐渐改变亚欧大陆北部以及北美大陆的景观那样,大批中国移民涌入了长江流域以及更往南地区的居民之中,并将他们纳入中华世界。大量的人口涌入,劳动力、技能以及新的组织机构的投入,使得当地的自然景观变成了稻田,这些稻田先是包围,后来则完全"淹没"了早期的居住者。在此过程中军事行为所起作用极小。起主要作用的是那些数不清的拓荒者手上的采掘工具、锄头和铲子,拓荒者在政府官员的监管下年复一年地耕作。[1]

或许在前哥伦布时期,安第斯山脉文明也是以类似的方式扩张的。毫无疑问秘鲁山脉旁已经被废弃的梯田是过去人类历史活动的重要遗迹。农业对其他地区的驯服同样也包含了大规模的长期的人类劳动。但据我所知,直到近代才出现了规模堪比在中国南方边疆发生的对另一族群完全吸纳的历程。这是因为中国人具有其邻人不具有的农耕及水利技术,且他们服从于他人不愿意服从的劳动纪律。中国的历史伟大性、凝聚力和密集的人口塑造的特征都是无出

---

[1] James Lee, Ph.D. dissertation, University of Chicago, forthcoming, 提供了关于中国数世纪扩张的最好的讨论。同时可参阅 Herold J. Wiens, *China's March Towards the Tropics* (Hamden, Conn., 1954)。

其右的。[1]

不过中国缓慢推进的边疆与 1500 年以后欧洲人所面对的特别环境相比则相形见绌。因为紧随欧洲地理大发现的海外扩张伴随着几乎同样重要的陆上扩张。欧洲移民自 16 世纪开始进入乌克兰及其附近的西部草原,在那里发现空旷的牧草地正等着他们。这是因为更古老的游牧人口当时已开始回缩,使自己尽可能避免暴露在黑死病之下。14 世纪,黑死病已经在西部草原的穴居老鼠(或其他啮齿类动物)中流行。[2] 在接下来的两个世纪中,斯拉夫和罗马尼亚的拓荒者把西部草原紧紧地整合进了欧洲农业社会。在大多数情况下,他都是在贵族土地所有者以及企业家的合法控制之下展开工作的。而这些贵族土地所有者和企业家等则一般属于另一个民族。

这一"东进运动"在规模上堪比我们更为熟悉的横跨北美的西

---

1 其他规模较小的稻田社会也共享中国扩张的模式。比如日本向北面岛屿的扩张就以牺牲阿伊努人为代价,其方式类似于中国向南部的扩张。近几世纪中爪哇的稻田也从最初的滩头阵地代替了原先的刀耕火种的耕作模式。参阅 Takane Matsuo, *Rice and Rice Cultivation in Japan* (Tokyo, 1961), pp.1-2; Geertz, *Agricultural Involution: The Process of Ecological Change in Indonesia* (Berkeley and Los Angeles, 1966), pp.38-46。

2 对于这一系列时间的解释远没有达成共识。俄国疫病专家认为草原上的穴居老鼠的感染早就已经存在,而一些西方学者在没有什么其他好的解释的情况下赞同这个观点。这个观点的相关讨论详见 William H. McNeill, *Plagues and Peoples* (New York, 1976), pp.190-196。

进运动。农业扩张至更为干燥的草原东部地区断断续续地持续了整个 19 世纪并一直延续到了 20 世纪。最近的一次发生在 20 世纪 50 年代，当时俄国人在哈萨克斯坦开垦了上百万英亩的边疆草场，以解决长期困扰他们的粮食短缺问题。

欧洲的边疆扩张同样也指向北部森林地区。在那里农耕很难进行，但当地却盛产毛皮动物。中世纪的皮毛商在例如诺夫哥罗德这样的北方城市运营。他们成功地解决了在俄国北部北极圈以及亚北极圈区域内长途旅行和生存的问题。到 1580 年，俄国皮毛商人跨过乌拉尔河，就可以通过一系列轻松的路上运输从一条西伯利亚河流转到另一条河流。他们早已知晓如何实现这种运输，并在 1637 年就到达了太平洋北岸的鄂霍次克。大片人口稀少、只散布着组织松散的狩猎者和采集者的土地，就这样为俄国人所控制。稍晚一些，在蒙特利尔（1642 年之后）以及哈德逊海湾（1670 年之后）的皮毛商几乎以同样的方式控制了如今的加拿大北极地区。然后众所周知的就是到 1780 年跨过阿拉斯加的俄罗斯开拓者们遇到了正谋求控制北美太平洋海岸地区的英国人、美国人以及西班牙人。从事皮毛贸易的帝国竞争者们就这样相遇了。[1]

---

[1] 关于俄罗斯向北的扩张见 Raymond H. Fisher, *The Russian Fur Trade, 1550-1770* (Berkeley, 1943)。

由于我们自己国家（指美国）的起源，我们往往对欧洲的海外扩张更为敏感。但这并不只是目光短浅的本土视角的产物。相较于在欧亚大陆上的扩张，欧洲船队确实在1500年以后开创了更多更为激烈的新的相遇。从1491年哥伦布到1521年麦哲伦的那些著名航行，给人类既有的均势所带来的变革是前所未见的，因此我们给予欧洲海外边疆开拓者以如此荣耀的地位也是合情合理的。

最终在千年文明史中积累了众多技能的欧洲人就与地球上那些从前一直与世隔绝且技能较低的人们正面相遇了。举一个极端的例子，在澳大利亚，欧洲入侵者遇到了当地的土著。经考古学证明，这些土著当时的生活方式与数千年之前他们第一次抵达这个大陆时的生活方式极为相似。甚至在新世界，即在那些如墨西哥和秘鲁境内文明程度更高的美洲印第安人社会中，当地人也很难抵抗新到来的西班牙征服者。人数优势最初掌握在原住民手中。当时尽管科尔特斯和皮萨罗一方的西班牙技术和组织都更为先进，但无论是在征服前还是在征服后，这些优势都不足以弥补他们与阿兹特克和印加人相比在人数方面的劣势。但是欧洲人在流行病学方面的优势却是无可置疑且具决定性的。经遗传而获得的对大量致命传染病的免疫，使得欧洲人在面临如天花、麻疹、流感、结核病、白喉以及其他致命疾病时能够生存下来，而那些对这些疾病没有任何经验的美洲印第安人，在与这些传染病第一次相遇时遭遇到了毁灭性的打击。[1]

一开始从欧洲，不久之后也从非洲而来的致命疾病（主要是黄热病和疟疾）瓦解了幸存者的意志，同时也瓦解了美洲印第安人对欧洲政治和文化控制进行抵抗的努力。在许多地方，原住民的消失几乎是彻底性的，因此给欧洲移民留下了大片可以自由占据使用的土地。因此特纳口中所说的"空旷"边疆，是随着美洲印第安人被旧世界的传染病大量消灭后才开始出现的，这一过程也间或因欧洲人诉诸武力而得到加强。类似的传染病灾难也折磨着在大洋洲、南非，以及所有那些之前对于这些传染病一无所感，如今却与具有抗体的探险家们首次相遇的原住民。比如当西伯利亚的狩猎者第一次与俄罗斯的皮毛商人接触时就遭遇了相同的命运；与如今时隔不远的1940年代，加拿大北极圈内的爱斯基摩人也遭遇了类似的灾难。[2]

传染病学上的优势以及在技能方面更高或略高一等的优势在入侵的欧洲人身上结合起来。而正是这种结合赋予了大边疆独一无二

---

[1] William H. McNeill, *Plagues and Peoples,* pp.199-216.
[2] 参见充满激情但从流行病学角度毫无建树的著作 Farley Mowat, *The Desperate People* (Boston, 1959)。

的特性。

不过，值得强调的是，并不是地球上所有未开化的地方都无力抵抗来自欧洲的入侵。直到大约 19 世纪 50 年代，热带非洲在很大程度上仍被一系列当地的疾病守卫着。正如之前欧洲的疾病大量撂倒了温带地区那些与世隔绝的人们那样，这些地方性的疾病同样无情地摧毁了大量的欧洲以及亚洲入侵者。因此热带雨林以及撒哈拉以南大草原上的非洲人仍能独自占有他们祖先的土地。奴隶贸易很快就在当地达到了史无前例的规模，当地的奴隶贸易为欧洲人在新世界管理的种植园，以及穆斯林在旧世界的宫廷和种植园提供着几乎数目相当的劳动力。[1] 掠奴活动无疑深远地改变了非洲人的生活方式。与此同时，从美洲来的玉米以及其他新的农作物的种植为非洲农业提供了更高的农作物产量。在这些条件之下，改变本应来得激烈迅猛。但是除非洲最南边那块因较为凉爽和干燥的气

---

[1] Ralph A. Austin, "From the Atlantic to the Indian Ocean: European Abolition, the African Slave Trade, and Asian Economic Structures," in David Eltis and James Walvin, eds., *The Abolition of the Atlantic Slave Trade: Origins and Effects in Europe, Africa and the Americans* (Madison, Wis., 1981), p.136, 其中认为有 1700 万非洲人在公元 650 年到 1920 年间进入伊斯兰奴隶制。他在前引著述中对航运频次的估算表明，超过 850 万非洲人在 1500 年以后离开他们的原生群落。如果这些估计是正确的，那么跨越大西洋的非洲人数和跨越撒哈拉以及红海 - 印度洋海域的非洲人数就十分相近。

候使得热带疾病难以传播的小块区域外，非洲并没有成为欧洲人边疆扩展的舞台。

因此，在1750年之前，那些令人感叹的边疆相遇主要发生在欧亚大陆上的草原和森林区域，以及北美和南美洲，这样的相遇因我们对自身国家历史的了解而为我们所熟悉。这些地区的当地居民在与具有疾病抗体的文明群体不幸相遇时，无论在传染病方面还是文化方面[1]都不堪一击。由此欧洲人能够并且事实上在这些地区开始占据大片空无一人或者几乎空无一人的土地。在此之前从未有可与之匹敌的事件发生。欧洲人的扩张占据了史无前例的大片土地。这一过程产生了我们这一时代中两个在政治上占据主导地位的国家，那就是苏联和美国。苏联在那些更古老的欧洲文明中心的东边，而美国在西边。巴西和其他西属美洲的国家同样是这一边疆的

---

1 传统文化价值的急剧解体使得边疆大量本地人以酗酒作为自我毁灭式的逃避，Cf. Mark Twain, *Life on the Mississippi*, ch. 60, "Speculations and Conclusions"："文明最早期拓荒者的思想是多么的庄严和优美啊，文明的先锋从来不是蒸汽船只，不是火车，不是报纸，不是主日学校，也不是传教士，而是威士忌！就是这样的。阅读历史的话，你会同意这个观点。传教士来得比威士忌更晚——我是说威士忌到达之后传教士才到来；之后贫穷的移民也抵达这里，他们拿着斧头、锄头和来复枪；之后又来了商人；又来了一些混杂的人群，继而来了赌徒、亡命之徒以及强盗，他们的骨子里都带着罪孽；继而又来了买下了国家授地的聪明家伙，这包含了所有的土地；这带来了律师团；治安维持者又带来了工程承办商。他们一起带来了报纸，报纸带来了政治和公路；所有人最终联合起来修建一座教堂和一间监狱——你再看呀！文明在这边土地永远建立起来了。"

继承人。南非同样也是这一边疆的后继者。但是欧洲对于澳大利亚、新西兰以及其他太平洋岛屿的侵蚀直到18世纪中期才开始，因此这些地区不在如今我们的讨论范围之内。

由文明世界中的疾病、酒精以及枪炮构成的对当地人口的摧毁，是大边疆最为显著的特征。任何希望垦殖土地，开掘矿藏，或者获取其他原材料的人都面临一个问题，那就是找到为他们干活的足够劳动力。劳动力的缺乏意味着无论欧洲人的技能和知识多么丰富，这些知识和技能都难以在边疆地区发挥作用。

跨越大洋将欧洲人带到边疆来改善这一问题的方式成本高昂。直到1840年蒸汽轮船的使用，才使得航行费用降低并能够搭载更多的乘客。在此之前，跨过大洋来到新边疆的人少之又少。由于早期关于跨大洋的航行记录稀少并很少包含旅行者的名单，跨大西洋移民的数据是非常不准确的。最近的猜测估计1780年之前到北美的不列颠移民数量约为75万人，而从法国到加拿大的移民则只有1万人。[1] 至于有多少欧洲移民去到更南边的地区则缺乏任何较为准确的计算。零零碎碎的记录估计，在1800年前约有100万欧洲

---

1 Stanley L. Engerman, "Servants to Slaves to Servants: Contract Labor and European Expansion" forthcoming in H. van den Boogaart and P.C. Emmer, eds., *Colonialism and Migration: Indentured labour Before and After Slavery* (The Hague: Martinus Nijhoff/Leiden University Press, Comparative Studies in Overseas History, Vol. VI).

人渡过大洋到加勒比和拉丁美洲定居。[1]

第一次征服之后,西班牙人就在开矿、建筑,以及其他许多事业上开始雇用美洲印第安人劳力。但是由于美洲印第安人对流行病异常敏感脆弱,劳动力大量死亡,导致招录新的劳动力异常困难。在加勒比群岛上的大部分地区,美洲印第安人彻底消失了。在加勒比的沿岸地区,由于非洲疾病加强了自欧洲而来病毒的破坏性,印第安人也几乎完全灭绝了。不过被奴役的非洲人很快就为种植园农业以及新大陆的其他行业提供了对疾病有更强免疫力的大量劳动力。由于运载奴隶的船只的运载量往往是固定的,因此从非洲运过来的奴隶数量可以相对准确地被估算。最近的一次估算显示,1820年之前从非洲运到新大陆的人口数量约为780万;此估算还显示,这一数据是同时期跨越大西洋达到新大陆的欧洲

---

[1] David Eltis, "Free and Coerced Transatlantic Migrations: Some Comparisons," *American Historical Review,* forthcoming,第三个表格展示了总共有125万欧洲人在1825年之前移民到了巴西和西班牙美洲,但不包括秘鲁;不过这一数据只是根据非常不可靠的推算得出的。Peter Boyd-Bowman, "The Regional Origins of the Earliest Spanish Colonists of America," *Modern Language Association Publications,* 71 (1956), 1152-1172,估计约有20万西班牙人在1600年以前到达美洲。James Lockhard, *Spanish Peru, 1532-1560* (Madison, 1968), p.12,认为在这次征服的第一个25年中有8000西班牙人达到秘鲁。这些是我仅能找到的比较谨慎的统计学估算。

移民数量的 4 到 5 倍。[1]

这一令人惊叹的数字提醒着我们，在新大陆强制性的劳动力在相当长的时间内发挥着重要作用。当我们想到在蒸汽轮船降低航行费用之前大部分跨大西洋的欧洲移民也都是不自由的契约劳工这一点时，强制性劳动力的数量甚至会更多。根据我们能得到的最为可信的估计，从 1650 年到 1780 年，约有 30 万到 40 万人离开英国到达北美。这一数字占到美国革命之前从欧洲到北美的白人数量的二分之一到四分之三。[2] 契约劳动者当然可以期待在契约劳动期满后恢复自由。但是只要仍处在契约期内（一般是 7 年），他们与雇主之间的关系就和黑奴与主人之间的关系没有太大区别。当然，相比之下他们在外貌上较小的差距使他们在合约完成之前的逃跑更容易取得成功。

为特纳及其追随者所珍视的那种自由、平等、淳朴的边疆生活在北美当然是存在的。在殖民的早期阶段，这种生活方式在那些

---

[1] Engerman, *op.cit.,* p.11. 里程碑式的重要著作有 Philip Curtin, *The Atlantic Slave Trade: A Census* (Madison, 1969). Engerman 的数据只是在 Curtin 的原始估算上稍作修改。

[2] David W. Galenson, *White Servitude in Colonial America* (Cambridge, 1981), p.17 and *Passim.* 我没有机会去阅读上面引用的 Engerman 未出版的论文，因此只能转引自 Galenson 教授的著作。

对外贸易不太兴旺的地方盛行。但是在那些条件更好、移民更容易进入的地区，即在那些欧洲技能能够产生可观的市场价值的地方，边疆不会激发出自由，相反会产生比欧洲人所熟悉的更严格的社会等级制度。产生更严格社会等级制度的原因在于，商业方面较早成熟的边疆社会发现必须通过立法限制选择和改变工作的自由，以确保充足且服从管理的劳动力。因此美洲的奴隶种植园和契约工人群体，东欧的农奴种植园，和我们通常与边疆生活联系起来的自由独立的农民和万金油工人一样，都是边疆的特征。

在边疆地区发挥重要作用的出口贸易的一个特征，就是在平均主义的自由与官僚主义的等级制度之间建立一种紧密的共生关系。无论是在亚马逊的热带雨林捕猎和采集皮草、砂金和生橡胶，抑或是在大浅滩（the Grand Banks）捕捞鳕鱼，都需要分散的劳动力去完成。而这些分散的劳动力很难被任何经理人所管控。但是另一方面，这些货物的跨大洋贸易需要相当规模的组织机构。[1] 贸易公司通过在重要的地点安排驻点人员来解决这一问题。这些驻点人员与实际进行采集工作的人员进行易货贸易。考虑到运输的高昂费用，

---

[1] 鳕鱼是一个特殊的例子，因为即使是较小的捕鱼船只，只要它们可以在季末回到欧洲水域，那么它们就可以在没有集中管理组织的情况下在市场上售卖自己经过盐渍处理的鳕鱼。

交换的货物对交易双方必须具有足够的价值。即使是在遥远的地方，当地的驻点人员还是能够为他们的总部所控制，这是因为所有的人都知道，一旦驻点人员不能够发回足够多吃香的货物，易货交易的链条就会断裂。

尽管少数几家比较大的贸易公司因此成功地跨越从欧洲都市中心到边疆地区那令人生畏的距离，但是边疆地区仍然无法形成类似于在欧洲文明中心地所盛行的那种精致的等级制度。在中心附近，久远的传统以及市场约束机制将人们纳入了内部彼此联结且多为继承制的职业模式当中。法律上的划分将神职人员、贵族以及平民区分开来，并且在种类繁多的具有特权的公司当中界定自己的成员。在技术行业中，学徒需要跟随他们的雇主若干年。在这几年里，学徒的待遇类似于美国的契约工人。所有这些都说明，在欧洲劳动力同样受制于合法的强制。但是奴隶制在这里却不重要，早在哥伦布的航行之前，农奴制就已经从欧洲那些经济生活最为活跃的中心地区消失了。同时通过工资波动进行调节的价格系统，也能越来越有效地在各个竞争的行业之间不断分配和再分配劳动力。类似于矿业、航运这样需要大量劳动力的行业，通过提供合适的薪金来雇佣足够多的劳动力。甚至征兵也变成了一个关于自由签约的问题，至少原则上是这样的。一旦被征录，如果一个士兵希望离开自己所处的军队位置,那么他将面临甚至比契约工人或学徒更为严酷的惩罚。

西欧依靠市场在各种工作之间分配和再分配劳动力。这种机制依靠西欧的出生率和生存率维持。这里人口的高出生率和生存率为既存的行业提供了充足的劳动力,同时也为有前途的新行业预留了一些人手。当足够多的劳动力能够完成所有统治者和管理人员认为必要和重要的任务时,倚靠武力实施的法律强制则变得不再必要。在这种情况之下,强制则显得浪费时间和精力,也变成一种不必要的挑衅。

劳动力供给和需求之间的平衡往往是不稳定的。14世纪的黑死病使欧洲的人口缩减到了一个多世纪之前的规模,并且迅速地改变了当时的工资水平。从那以后,在城镇中爆发的周期性的疫病,常常会大大削减当地的人口数量。[1] 不过这种混乱很快就会被从乡村涌入城镇的健康的年轻劳动力所抚平。这些来自乡村的年轻人并没有继承足够多可以赖以为生的土地,因此他们也难以像其父辈那样生活。这些年轻人为任何可以让他们逃离乡村的事业提供了人手。

---

[1] Cf. Roger Mols, *Introduction à la demographie historique des villes d'Europe du XIVe au XVIIIe siècle*, 2vols (Louvain, 1955), 书中可以找到关于近代早期地方性疫病频度和烈度的例证。

从公元 900 年开始，欧洲在本土以及海外令人惊叹的扩张记录就依赖于这样一种人口模式。这种模式为城镇以及军队提供了充足的乡村青年，同时也为更为遥远的边疆地区提供了迁移的少量人口。

但是欧洲的人口分布平衡、复杂的社会等级制度，以及彼此依赖的社会阶层都难以在边疆复制。在边疆没有足够的人口，需要大量劳动力投入的行业必须通过强制措施才能顺利运转。在这一方面，陆上边疆以及海外边疆的情况都是相似的。17 世纪俄罗斯农民的合法农奴制与美洲种植园的奴隶制差别甚微。依照法律，新世界的印第安人以及英国的契约工人保有黑人奴隶所不具备的人权，但是加诸他们身上的债务奴役具有相同的实际效用。

所有的要点都在于为管理阶层或有产阶层所希望完成的工作提供奴隶、农奴、契约工人和债役劳工。与他们的成功对应的是，大量新的商品，例如糖、棉花、银、小麦、靛蓝，以及其他种种产品，涌入欧洲以及世界市场。富于进取精神的地主、矿井经营者，以及与欧洲进行批发贸易的当地代理商所获得的大笔收入使得他们能够购买从欧洲进口的昂贵商品，也因此能够多多少少像绅士那样生活。如此一来，一种类似于欧洲上流社会的生活方式迅速在美国以及欧洲的边疆地区盛行起来。紧接着，随着当地人口的增加，各种手工业以及零售业获得了足够的劳动力，一个类似于欧洲社会形态的近似物在种植园主-地主-管理阶层的控制之下迅速发展起来。

在欧洲扩张的边疆地区盛行的奴隶制和农奴制并没有完全排除平等主义。即使在强制性劳动力主宰的社会中，平等主义仍然存在。那些逃奴以及完成契约的人们可以并且的确到未开垦的森林中开拓出不对任何上级负有义务的生活。这些拓荒者往往只与文明社会保持偶尔性的联系。但是就像边疆的种植园主以及地主那样，这些人在一些至关重要的物资上仍然依赖遥远后方的供应。枪炮、弹药，以及用以铸造工具的铁都是那些即使远在边疆的人们也依然不能缺乏的物资。我们通常并不清楚他们如何获取这些物资。人与人之间的易物交易常常能够超越有组织的市场范围；而易物交易的动机切实存在，因为边疆常能生产出那些珍贵而易于携带的物品，例如皮毛、砂金等。由于这些物品通常来自遥远的草原或者山林，因此它们在世界市场上往往要价很高。

因此，即使是在北美偏远荒蛮地区进行活动的法国皮毛贩子、巴西的西班牙移民、潘帕斯草原上的高乔人、南非的波尔人，或者西部利亚的哥萨克人，都与其最近的文明世界的前哨基地保持着紧密而重要的联系。像在边疆地区的奴隶主或农奴主一样，他们也都参与进了以西欧为中心的世界市场体系。当他们的生活转向地方性的自给自足模式时，他们对世界市场体系的参与度也随之递减。但是如果完全转向自给自足，那么与当地的土著相比，这些后来者就丧失了他们本享有的那一点点优势。那些与以欧洲为中心或由欧洲掌控的贸易网络完全分离，并融入当地土著生活的人们也就不再是边疆扩展的代理人了。如果没有枪（或者没有其他欧洲制造的物资），一个人在偏远社群中的社会地位会迅速下降。也正因为如此，完全与欧洲体系切断关系的人少之又少。

因此，在边疆社会形成的自由与等级社会尖锐的两极分化应当被视作对边疆地区劳动力短缺这一重要现实的两选其一的回应。正因为如此，一种社会结构才能够迅速地转向它的反面。那些从他们主人控制下成功逃跑的奴隶或农奴就成为平等的边疆人。逃跑的牙买加奴隶是最出名的逃奴群体，不过他们也只是众多逃奴中的一部分。在欧洲的另一侧，哥萨克部落在早些时候会吸纳逃跑农奴；但当这些部落被俄罗斯控制之后，逃跑变成了非法的行为，尽管在整个俄罗斯农奴制度存续期间仍一直有农奴成功地跑入西伯利亚的深部。

从平等到合法的强制等级制度的这种反向转变更为稀松平常。在东部，在17和18世纪深入草原的边疆扩张开始以后，将原先自由的农民大规模地农奴化成了当时盛行的规则。在新世界，16和17世纪墨西哥兴起的奴役偿债制度也与之类似。将再度繁荣的庄园管辖制度移植到加拿大和纽约的努力收效甚微;而在17和18世纪的弗吉尼亚以及马里兰,契约劳工也只能为当地乡绅提供十分不稳定的劳动力基础。但是种种努力说明了当时往自由人身上强加合法限制的强烈愿望,而这种愿望在英国、荷兰、法国的殖民地社会,以及俄国以及西班牙的边疆地区都有所表现。

我们已经习惯认为平等是边疆生活的准则。例如特纳和韦伯都略过对于美国边疆历史中奴隶制所扮演角色的讨论。我认为这种值得注意的遗漏源于这样的事实,那就是他们对于美国自由和平等理想的珍视,以及对于自己青年时代的怀念。在他们的青年时代,威斯康星以及西部得克萨斯边疆生活的种种仍然主导着地方社会的生活。通过片面地关注边疆现实的一个方面,特纳和韦伯将这些情感任意地融合在了一起。但是这种美好愿景之下的观点却颇为值得审视。如果我们能这样仔细地审视,那么我认为一个中立的观察者将发现,相较于平等和自由,强制以及通过法律而得到加强的各种形式的社会等级制度是边疆社会更为普遍的特征。

这种情况下会让人想到两个原因。第一个原因是,零星分布在边疆地区的自由平等的小家庭在保护自身方面处于弱势。无论在什么地方,保护自己免遭敌人的劫掠才是最重要的,而孤立的拓荒家庭所具有的平等精神对此则无济于事。即使在美国西部,美国骑兵部队也被当地的居民召唤，以此来对抗进行劫掠的印第安人。在旧世界，暴力对边疆居民的影响则更为恶劣。15世纪80年代以来，克里米亚的鞑靼人就对乌克兰草原进行有组织的掠夺，以此来满足奥斯曼帝国对奴隶的需求，分散在草原上的居民对此难以进行有效的自我防御。只有例如哥萨克游牧部落或者沙皇的常备军这样专门的军事组织才能够对抗进行劫掠的鞑靼人。因此对边疆的拓荒者来说，从鞑靼人手中保护自己安全的成本取决于那些在暴力活动中能够进行有效而专业的边疆防御的行家里手。在哥萨克游牧部落的架构之下重新恢复已经被削弱的社会平等及自由的努力，在1648年俄国政府将哥萨克游牧部落本身划为具有特权的组织团体之后就烟消云散了。通过豁免哥萨克人在农奴制中的各种义务，沙皇获得了一只全新的保卫边疆的强大力量，同时也将农奴制强加给了乌克兰边疆地区的其他人口。因此，鞑靼人劫掠奴隶活动很快就不再有利可图，资源丰富的西部草原对大规模农业人口的定居变得较为安全。[1]

北美边疆较欧亚草原较少地暴露于军事威胁之下，因此相较于俄国，美国边疆给予了平等和自由更多的空间。如今两个社会间的

---

1 W.E.D.Allen, *The Ukraine: A History* (Cambridge, 1940), Boris Nolde, *La Formation de L'empire russe* (Paris, 1953), and William H. McNeill, *Europe's Steppe Frontier, 1500-1800* (Chicago, 1964), 对此斗争就行了分析。

一些重要分歧仍然印证着这种不同。但是这种不同并不是由边疆本身所导致的，而是由于从 1608 年到 1917 年三个世纪中北美相对低廉的自我保护成本导致的。澳大利亚享有低廉自我保护成本的时间甚至比美国持续得更久，相形之下南非向东迁徙的布尔拓荒者则在近两个世纪当中都遇到与之争夺土地和水资源的强劲对手卡菲尔部落。澳大利亚的平民平等主义因此通过消灭外来的文化与等级制度发展起来，而布尔人的无政府主义和平等主义的传统则因为对军事首领强大而短暂权威的经常性服从而被消解。

第二个对边疆的平等和自由产生不利影响的原因则是经济因素。对来自后方补给的依赖意味着边疆的拓荒者长期依赖于进出口商和供货商。这些进出口商和供货商通过控制交通来控制贸易条件。当边疆人较少进行买卖活动时，经济因素对于他们的自由侵蚀甚少。但是当买卖活动的重要性逐渐增加，进而使每日的生活都有赖于此时，那些能够控制远方市场通道的少数人则取得了以普通的农民、矿工或者毛皮猎人的利益为代价，增加自己收益的有利位置。

换言之，土地所有权以及对与土地相连劳动力的控制并不必然使得少数人能够剥削其他人的劳动力。平民主义者对抗铁路以及其他外来资本主义利益，成了美国 19 世纪后半期政治的一个显著特征。控制西伯利亚皮毛贸易的哈德逊湾公司、约翰·雅各布·科斯特（John Jacob Astor）和斯特罗加诺夫公司不再受边疆人的欢迎。伦敦以及里斯本商人为诸如弗吉尼亚种植园主以及巴西奴隶主这样的贵族贸易伙伴提供补给，并维持着类似的关系。从但泽和敖德萨获取粮食并送往欧洲市场的粮食贩子和船主，在与波兰和俄罗斯的地主进行贸易时同样占据制定贸易规则的有利地位。

在所有这些情况中，与远方市场以及欧洲作坊有联系的商人标志着社会复杂性以及职业分化的第一步。而社会复杂性以及职业分化至今仍是文明社会的重要特点。那些贱买贵卖，并且将讨价还价作为生存方式的人被所有富有抑或贫穷的、有产抑或无产的、自由抑或被束缚的边疆人所厌恶甚至憎恨。东欧反复出现的对犹太人的屠杀就悲惨地证明了这一事实。但边疆人也无法离开这些人而生存。即使在每一笔交易中边疆人都感到自己受到了欺骗，他们还是难以离开这些对其有非凡吸引力的商品。取代进口的唯一途径就是本地制造：在一些乌克兰城镇以及美国城市中，手工业贸易早在1750年之前就已开始生根发芽。社会复杂性也由此发展起来，渐渐地文明也就随之发展起来。

尽管如此，1750年之前欧洲世界体系中的边疆地区所效仿的都市复杂性和社会等级制度仍然是零星且不完整的。1750年之后，

31 在近代扩张史开始的头两个世纪中，兴起的欧洲帝国仍然随着时间推移不断壮大。这种政治现状使得文明的技术和科技从中心向边缘地带不均匀地扩散着。1776年之后，文明扩张进程的继续和政治模式的改变，标志着文明的工艺和技术的完整转变到了一个新的层次。除此之外，欧洲新的人口体系也为1776年之后史无前例的大规模移民提供了新的基础。

我在下一节讲座中将会考察大边疆历史第二阶段的方方面面。

第二讲：1750年之后

在第一讲中，我讲到边疆的条件要么通过铲平欧洲的社会金字塔层级结构，转向平等和无政府的自由状态；要么通过使社会金字塔的层级结构变得陡峭，将边疆人分成一边是所有者、管理者，另一边是被奴役或因债务而被迫劳役的劳动者。换句话说，边疆位于自由和强制之间。但事实上自由和强制之间的天平指针仍然偏向层次分明的等级制度一边，这既出于自身保护的需求，同时也出于对利益的渴望。我们喜欢将1750年之前的边疆生活与自由和平等联系起来，但这些自由和平等其实非常有限。这里需要奴役制度，以便使人口稀疏的边疆地带得以有效地参与到世界市场中去，如果需要的话，这里还需要维持一支所费甚巨的武装力量。

边疆地区这种在自由和奴役之间明显的非此即彼的特征在1750年之后逐渐弱化。两个主要的因素促成了这种弱化：第一，联系中心和边缘地区更加密集的交流和交通网络铲平了欧洲世界体系中的文化坡面，减少了体系中各个组成部分的差别；第二，新的人口体系在文明世界的大部分地区加速了人口的增长，这缓解了原先在边疆地区激发无政府主义和独裁主义的劳动力短缺问题。

第二个因素意味着18世纪中期是新的人口体系的开始。也正是这一点使得我用1750年作为主要讨论分割点有理可依,故而让我们首先来讨论第二个因素中的若干点。

人口历史学家们远没有对为何18世纪后半期人口开始出现系统性增长达成一致意见。但毫无疑问的是,改变确实发生了,不论是在欧洲,还是在中国和美洲,抑或是在印度和非洲。变得温暖而干燥的气候使得欧洲西北部粮食收成更好,但是这样的气候改变必然会在地球的其他地区对农业产生不同影响。例如在中东,如果气候也同样变得更暖更干(是否确实是这种情况我们不得而知),那么势必会降低粮食产量而有利于畜牧业发展。这极有可能就是当时发生的情况,只是我们手上并没有相关证据证明这一假设。但是鉴于中东似乎并没有与世界其他地区一样共同经历18世纪的人口增长,这种在欧洲应用的假说也值得用来仔细探究中东气候变化与人口变化之间的关联。[1]

另一个遍及旧世界的因素是美洲的粮食作物普及开来,补充了旧世界原有的主要粮食作物。我这里只列举若干项重要的粮食,

---

[1] 里程碑式的著作是 Emmanuel Le Roy Ladurie, *Times of Feast, Times of Famine: A History of Climate since the Year 1000* (New York, 1971)。

如玉米、土豆、番薯、花生和西红柿；这些作物的栽培使得中国、非洲、欧洲，以及其他地区的人们可以提高甚至大幅提高当地的粮食产量。人们通常将新旧作物穿插播种，从而使歉收的可能性大大下降。有时候由于新的农作物可以在先前并不适宜耕种的土地上种植，故而新的农作物并不会取代旧的农作物。例如在北欧，土豆可以在谷物休耕期种植，因此总的粮食产量会骤增。在中国，类似的例子是番薯可以在并不适合耕种水稻的丘陵地带进行耕种。有些时候尽管这种纯粹的生产量提高没有办法实现，但由于单位面积上美洲作物所能提供的热量比之前的任何农作物都高，美洲作物仍然能够经常提高粮食供给。玉米也正是由于这个原因在非洲和南欧成为重要的农作物。而西红柿则为地中海和印度饮食提供了之前缺乏的维生素。简而言之，几乎在所有的地方，美洲作物都提高了可获得的粮食供给，在有些情况下这种提高非常明显。相应的问题则是耕种新的粮食作物需要额外的劳动力。所有这些新作物都需要在生长季进行除草和锄地，而小麦和其他的旧世界粮食作物（稻米除外）则不需要这一步骤。

  如果没有美洲的粮食作物，18世纪开始于旧世界的人口增长或许就不会持续如此之久。但如果没有增加的劳动力，只凭粮食作物本身，系统的人口增长也不可能发生。只有依靠增加的劳动力，美洲作物才可能传播得如此之快如此之远。[1]

人口历史学家由此关注结婚年龄的变化、生育情况以及人口动态的其他指标。对法国和英国一些教区记录仔细又有独创性的研究已经证明了这些变化，但是尚未找到足以解释在各个地方都出现系统性人口增长的记录。不过此类研究能够证明的一点是，因疾病感染引起的周期性人口锐减的烈度大大下降。在某些情况下，医药水平的提高降低了鼠疫和天花的危害，但是对疾病危害降低更为强有力的解释在于随着文明世界中交流网络变得更加密集，致死性疾病的大范围传播反而让越来越少的成年人面临疾病危险。毫无疑问，当致死性疾病变成地方性的流行病或者反复出现时，除婴幼儿之外的所有人都会暴露在疾病之下。对于许多传染病来说，暴露于疾病之下会产生终生免疫，由此高致死率将主要集中在幼龄孩童中。感染婴儿死亡的代价远比18世纪之前因较少交流而使更多成年人暴

---

[1] 没有关于美洲粮食作物移植的概述性历史著作。Berthold Laufer, *The American Plant Migration I. The Potato* (Chicago, 1938), 本来计划完成一部这方面的著作，不过作者在去世前只完成了对马铃薯的初步研究。除了在包括爱尔兰在内的少数几个地区扩散较早，18世纪是这些新作物广泛扩散的主要时期，这也反映了扩大的劳动力和增加的粮食产量之间的互利关系。

露在疾病之下所付出的代价要小。¹

开始于 1750 年的新人口体系所导致的人口变化是十分急剧的。中国的人口从 1700 年的 1 亿 5000 万增长到了 1794 年的 3 亿 1300 万², 而欧洲的人口则从 1700 年的 1 亿 1800 万增长到了 1801 年的 1 亿 8700 万。在欧洲，最迅速的人口增长出现在欧洲的两翼。在英国，人口从 1700 年的 580 万膨胀到了 1801 年的 915 万，而俄罗斯的人口则从 1724 年的 1250 万增长到了 1796 年的 2100 万。³

不过最令人惊叹的人口扩张发生在美洲和沿着俄罗斯草原边疆的地区。例如在一些乌克兰地区，因人口迁入和自然增长，人口在 18 世纪增长了三倍。在美洲，数量不是太多的欧洲移民延续了整个 18 世纪，但是惊人的自然增长是白人人口扩张的主要原因。例如在北美的英格兰大陆殖民地上，人口从 1700 年的 35 万增长到了

---

1 这是 William H. McNeill, *Plagues and Peoples,* pp.240-244 中阐述的主要论点。也可参阅 Emmanuel Le Roy Ladurie, "Un Concept: l'unification microbienne du monde (XIVe-XVIIe siècles)," *Revue Suisse d'histoire,* 23 (1973), 627-696。Michael W. Flinn, *The European Demographic System, 1500-1850* (Baltimore, 1981), 提供了关于最近人口统计学历史发展一针见血的总结。关于 Flinn 所称的 18 世纪打破旧有平衡的人口报告，见 pp.76-101。

2 Pingti-Ho, *Studies on the Population of China, 1368-1953* (Cambridge, Mass., 1959), p.278.

3 Marcel R. Reinhard and André Armengaud, *Histoire générale de la population mondiale* (Paris, 1961), pp.156, 180.

1800年的不少于500万！[1] 或许更为有趣的事实是，印第安人的人口锐减，在新旧世界开始接触的一个半世纪之后触底反弹。结果在18世纪最后十年中，墨西哥和秘鲁的印第安人以及印第安与拉美裔混血儿的人口激增，迅速追上并超越了白人人口的增长。

在热带地区被奴役的非洲人口很难维持，而在北美大陆殖民地上奴隶的数量从18世纪开始却以不低于白人人口增长的速率激增。[2] 当白人与孤立的印第安人部落进行接触时，大量的人口死亡仍然摧毁着这些孤立的部落。这一进程一直持续到20世纪。但是最初在新世界人口密集地区发生的大灾难，在1700年或更早些的时候已经成为过去。由此新世界中不同族群之间开始了全新的相遇模式。时至今日，美国人仍在试图去习惯这一新的模式。

18世纪出现的对全球性或者几近于全球性人口平衡的破坏，成为影响之后人类事务的一个基本的去稳定剂。当这个进程开始的时候，超过百分之九十的人类靠着在土地上耕耘过活。人口的增长最初意味着适婚年龄的年轻人需要在既有的农村社会框架下找到养

1　Reinhard and Armengaud, *op.cit.,* p.205.

2　Robert W. Fogel and Stanley L. Engerman, *Time on the Cross: The Economics of American Negro Slavery* (Boston, 1974), pp.25-29; Nicolas Sanchez-Albornoz, *The Population of Latin America: A History* (Berkeley and Los Angeles, 1974), pp.86-145.

活自己的途径。当人们眼下有足够多的土地,个人的财产权不会受到侵害时,增长的人口仅仅意味着耕地面积的扩大。一直到这种内部拓殖将最边缘的土地纳入耕种范围之前,地方乡村的生活水平以及生活方式都不会有大的改变。

但是当18世纪人口增长开始时,地球上绝大多数地区既有的乡村聚居地都不缺唾手可得的可耕种土地。举例来说,这种情况经常发生在拉丁美洲。在那里早先美洲印第安人大量灭绝的时候空出了大片的宜耕地。在印度和非洲的大部分地区同样有很多可耕种土地。类似的情况同样存在于东欧,那里农民占有的土地还相对较少。因而在这些地区,1750年之后开始发生的人口体系变化起初造成的影响非常小。每一代人口到达适婚年龄后,他们总能找的新的土地来耕种。这种情况增加了社会的总财富量,并使政治以及经济网络持续发展。通常从农民的角度来看,服从于手中握有土地并有权选择耕种人的地主是农民必须付出的代价。但是只要不断有新的土地来养活新增加的人口,那么因如何分配不断增加的粮食产量而产生的分歧就并不严重。

然而在世界的其他地方,新的人口模式引起了更为激烈的变化。在那些耕种者已经占据了大部分宜耕地的地方,到达年龄的年轻人面临着一个艰难的选择:他们要么留在当地,寄希望于从他们父母那里继承一部分土地；要么选择离开养育他们长大的故土，到别的地方谋一个更好的未来。

当可以获得新的农作物以及新的技术时，对于农民所占耕地进行分割并不会过分降低现有的生活水平或者他们对于生活的期待值。这种情况发生在诸如中国的大部分地区以及西欧的一些地区。在爪哇，由于稻田对于密集劳动力输入有着令人惊叹的适应能力，"以及在乡村土地上遍布着如血管一样密集的劳动权利和劳动义务网络"，这种模式发展到了登峰造极的水平。[1] 根据每英亩土地生产的土豆可以养活一整个家庭的事实，在1845—1847年土豆大饥荒之前，爱尔兰农民的情况与爪哇农民相似。而在欧洲的另一边，罗马尼亚农民则依赖于另一种美洲粮食作物——玉米。他们对玉米的依赖甚至使他们易于患上糙皮病。[2] 毫无疑问，在其他的农业社会中，例如在印度和日本，同样也是通过克利福德·格尔兹（Clifford Geertz）恰当命名的"农业内卷化"（agricultural involution）来应对不断增长的人口。

---

[1] Clifford Geertz, *Agricultural Involution: The Process of Ecological Change in Indonesia* (Berkeley and Los Angeles, 1966), p.99.

[2] 由于未经处理的玉米中烟酸和色氨酸含量均较低，糙皮病常发生于以玉米为主食的人群。——译者注

第二种更成功也更灵活的应对人口增长对土地产生压力的办法是手工艺品的制作。这种办法用工业生产收入补充农业生产收入，以此保证农村的富余劳动力能够生存下来。确实，在那些已经和商业网络建立联系的村庄，增长的农业人口为行会以及城市中的其他制造垄断行业添加了新的压力。在欧洲的一些地方，农村工业有着若干世纪的历史。这可以追溯至黑死病发生之前的早期人口危机，当时英国、低地国家以及其他的欧洲毗邻地区的农民，通过从事廉价纺织品的制作打破了城市对于纺织品的垄断。这种模式在18世纪时进一步强化，并扩及新的地区，例如阿尔斯特和西里西亚。在这些地区，贫穷的普罗大众开始依赖于生产麻织物。

不过我们现在想要了解的是，为什么是人类迁徙而非本土生产或农业内卷化，在不断扩大的欧洲世界的边疆成了最重要的主题。

短途迁徙是最易进行的一种迁徙方式：从一个村落到一个城镇。这种人口流动和人类文明本身一样古老，因为城镇由于不断增加的传染病感染成了人口规模缩减的地方。在现代下水道系统和其他公共卫生措施于19世纪后半期建立之前，如果不从农村吸收健康的人口进来的话，城市自身是无法维持健康的人口规模的。但是当人口于18世纪最后几十年中大量涌入西欧城镇时，问题也接踵而至。在这些城镇中并没有足够多的营生提供给这些新涌入的人。

结果之一就是暴乱和抗议。在法国，这一结果使得法国革命发展到了令人惊叹的规模。1792年之后，国内的暴乱和宪法巨变给国内和国外战争让路。1793年的突发事件引发了著名的"全民皆兵法令"（*Levée en masse*），没有工作的年轻人被征召入伍。这被证明是法国舒缓人口压力的有效途径。拿破仑战争时期战死的人数与这些年间自然增长的人数基本持平。控制生育的手段（或许是由于对军队中各种性行为的宣传）在战后法国已经非常普及，进而影响了法国人口的进一步增长，这是1815年的军队复员带来的一个意想不到的影响。这一现象将法国与其欧洲邻国区隔开来。在法国的邻国中，高人口增长率一直维持到了19世纪末。

在世界范围内产生更大影响力的则是18世纪英国对于大量涌入城市的可雇佣年轻人采取的应对策略。整整一代人关于1780年左右引起英国商业和工业革命起因的研究现在已经基本达成一致意见，即人口增长是引起工业革命的核心因素。[1] 人口压力在法国革命以及拿破仑战争中激发政治和军事剧变的观点，在既有的

---

[1] Phyllis Deane and W. A. Cole, *British Economic Growth, 1688-1959* (Cambridge, 1962) 具有权威性地提出了这个论题。W. A. Cole, "Eighteenth Century Economic Growth Revisited," *Explorations in Economic History* 10 (1973), pp.327-348, 在10年之后再次肯定了自己之前的结论。J. Habakkuk, *Population Growth and Economic Development since 1750* (New York, 1971), 对此执相同意见。

历史编纂中并不流行，但是我认为如果不受意识形态因素干扰的话，这种观点很快就会成为欧洲史中人尽皆知的观点。[1]

众所周知，拿破仑战争一结束，欧洲社会的工业以及商业发展就迅速获得动力，并开始越出英国的边境范围。新的技术从根本上迅速改善了交通工具：首先是轮船，其次是铁路。早前在人与商品运输方面的限制现在随着供应充足的化石燃料所能够提供的动力而被抛之脑后。交通工具发展的结果就是便利了在以欧洲为中心的世界体系中进行的来来回回的活动，以及将不断扩大的并带有传染病的人口输送到天涯海角。这些人口与之前与世隔离的人们相遇，促使当地人口大量灭绝，进而为欧洲发展提供了新的边疆。南非、澳大利亚以及大洋洲，继北美、南美之后一同成为欧洲人拓殖的新舞台。而在人口密集的西欧（不久之后就是中欧和东欧），不断增长的人口为新的边疆提供了大量的潜在移民，一旦积累够移民所需资金并克服了对未知世界的恐惧后，移民就可以实现。

那么这些人类生态学的新动力是如何在边疆发挥作用的？旧有

---

[1] 关于人口和法国大革命的关系，见 Olwen F. Hufton, *The Poor in Eighteenth Century France* (Oxford, 1974), 以及 Y. LeMoigne, "Population et subsistence à Strassbourg au XVIIIe siècle" in M. Bouloisseau et al., *Contributions à l'histoire démographique de la révolution francaise* (Paris, 1962); W. H. McNeill, *The Pursuit of Power: Technology, Armed Force and Society since 1000* (Chicago, 1982), pp.185-214。

的无政府平等主义与合法的强迫性服从之间的共生关系又会受到什么影响呢？毋庸讳言，影响因地因时而不同。可变性在具体到每个个体的行为或者具体处境时都是无穷尽的。历史不应该因为要追寻更广阔的视角，或者追寻一般的规律性而忽视个体以及地方的独特性。一般性和特殊性总是并存的，并都具有真实性。从高的建筑或者从飞机上俯视看到的风景与我们从地面上观察时的风景一样都是真实的。在明白了这种理解现实的微观历史方法后，让我们回到原来的轨道并回到这一问题：1750年以后人口体系对欧洲广布的边疆造成了哪些改变？

从整体和长远来看，1750年以后人口的增长以及成本降低的交通缩小了中心和边缘的差距。但是这一过程需要时间，每当新空出来的边疆向人们开放后，最初自由和等级之间的鲜明反差就会再次出现，这种反差有时持续时间很短，有时则持续至今。例如在澳大利亚，没有法律约束的内陆丛林居民与1788年到1840年间被送往新南威尔士州接受监禁的劳改犯之间的反差，与新世界中奴隶和自由人之间的反差一样鲜明，甚至更加强烈。[1]

---

[1] Charles Manning Hope Clark, *A History of Australia,* 5 vols, (Melbourne, 1962-1978), 是讨论此问题的权威性论著。Cf. also H. C. Allen, *Bush and Backwoods: A Comparison of the Frontier in Australia and the United States* (Lansing, Mich., 1959).

南非的布尔人于18世纪已经在非洲南部的大草原上成功地开始了游牧生活。他们奴役了当地的霍屯督人（Hottentots），这些当地人和其他孤立的人口一样对外来的疾病尚没有免疫力。不过当布尔人遇到讲班图语的卡菲尔人（Kaffirs）时，这种流行病学的相互影响关系就转变了，这是因为卡菲尔人和荷兰人一样已经有过与疾病接触的经验，而且像布尔人高于霍屯督人那样在科学和流行病学方面具有优势。

所以当这两个都在扩张的群体相遇，并于1702年发生第一次冲突时，枪支对于传统冷兵器的优势就显得至关重要。不断的流血冲突从1770年代开始持续了整整一个世纪（1879年的祖鲁战争是最后一次大型冲突），双方争夺的焦点是土地和沙漠中的水泉。无论白人到哪儿，他们都占据了优质的土地。非洲的部落退到了避难区，在那里由于反复的干旱，农业生产非常不稳定。但是布尔人占据的土地上仍然还有卡菲尔人。当部落陷落时，被留下的卡菲尔人和家庭被新的地主安排进行劳动，而这些新的地主则由此避免了有伤尊严的体力劳动。这里的参与形式虽然不同于澳大利亚的劳改犯，但是依靠法律和军事的强迫劳动在本质上与澳大利亚相同。

不过布尔人本身是坚定信奉平等主义和无政府主义的。作为自由人,他们常常因为英国官员1805年之后试图引入常规政府、保护国民权力,以及建立赋税制度而与之发生冲突。因此南非边疆的自由和等级制度以一种充满张力的方式并存并延续至今。[1]

因此,从1750年到1850年,澳大利亚和南非尽管保持了自己的多样性,但是仍然重复了我们所熟悉的边疆社会的两极模式。这种令人熟悉的两极模式同样也没有在美洲消失。事实上这种模式在每一次发生于新边疆的相遇中都会重生。比如说通常坐落于海滨并且依赖于奴隶制的巴西糖料种植园,在18世纪开始采掘内陆矿藏,被奴役的黑人和印第安人为这些矿场提供了大部分的劳力,他们从土地中挖掘金子和钻石。但是像南非的布尔人一样,这些最根

---

[1] 两部佳作证明了最近我们将美国的边疆经验与南非的边疆经验进行比较的兴趣: Howard Lamar and Leonard Thompson, eds., *The Frontier in History: North American and Southern African Compared* (New Haven, Conn., 1981) and George M. Frederickson, *White Supremacy: A Comparative Study in American and South African History* (New York, 1981). 简洁但深刻的讨论可参考 Leonard Thompson, "The Southern African Frontier in Comparative Perspective," in George Wolfskill and Stanley Palmer, eds., *Essays on Frontiers in World History* (Austin, Texas, 1981), pp.86-120. 关于早期的讨论见 Richard Elphick and Hérmann Giliomee, eds., *The Shaping of South African Society, 1652-1820* (Capetown, 1979), 这本集子对人种志和地理学的敏感非常引人注目。C. W. de Kiewit, *A History of South Africa: Social and Economic* (London, 1941) 仍然非常有价值。不过 Monica Wilson and Leonard Thompson, eds., *The Oxford History of South African*, 2 vols, (Oxford, 1969, 1971) 现在是全面描述南非历史的权威著作。

深蒂固的巴西拓荒者，例如保利斯塔人（Paulistas），他们本身是最好斗的平等主义者，并且几乎难以管理。只有当他们要向大陆内部探索进发时，才自发地将自己编制成准军事部队。他们的探险以及奴隶掠夺将巴西的领地扩大至内陆腹地，并且激起了与西班牙人和其他欧洲对手的一系列冲突。逃跑的奴隶也在巴西的森林里建立了自己的政治组织。但是在1772年和1794年间保利斯塔的班代兰蒂人（bandeirantes），通过发起不断的军事进攻将这一敌手置于他们的控制之下。[1]

在北美，阿拉巴马、密西西比，以及东得克萨斯的奴隶种植园直到1865年一直都与整个美洲大陆一样进行着类似的边疆运动。在极端自由主义的一端，有住在与世隔绝的小木屋中自由和平等的农业拓荒者；有加利福尼亚以及科罗拉多具有无政府主义观念的金矿开采者；有反主流文化的一些独特的边疆群体，如在马尼托巴进行水牛围猎的梅蒂人，他们与加拿大当局在1885年的

---

[1] E. Bradford Burns, *A History of Brazil* (New York, 1970), pp.42 ff. 保利斯塔的班代兰蒂人、哥萨克游牧部落和布尔游击队在边疆地区的机构设置非常相似。他们都是通过自愿的方式从自由人中选择一些人出来，在规定的时间内效力于他们选出来的首领并在此期间服从军事纪律。哥萨克游牧部落和班代兰蒂人最终都被他们各自的帝国政府所吞并；而布尔游击队则拒绝英国人对他们的驯服，并在1800年起而反抗与帝国之间的联系，这种抵抗在1899—1902年又引发了布尔战争。

冲突成了法裔加拿大人英雄历史的一部分。[1]

在我的第一讲中没有提及的边疆生活模式的一个重要变种，可以由1846年至1847年摩门教徒前往犹他州的历程加以说明。杨百翰（Brigham Young）和其他11位最早的传道者基本上复制了两个世纪之前到马萨诸塞的清教徒移民先驱的种种成就。就像17世纪的清教徒领袖一样，摩门教的领袖规定他们的信徒遵从严格的纪律，这使得他们将一个数千人的组织紧密的社群从伊利诺伊移植到犹他。普通信众对教会权威广泛而具有准军事色彩的服从使这一壮举得以实现。任何在荒野中建立锡安城的艰苦卓绝的努力，都需要服从性作为其保证。

摩门教徒令人惊叹的社会纪律由于灌溉农业而得到维持。摩门教徒所依赖的灌溉农业需要依靠集体的努力和集中的控制。在利用从山顶到犹他的沙漠盆地的溪流方面，各自为政的家庭单位是没有办法取得与集体努力相当的成就的。新的社群中的生活技术条件维持并加强了宗教的紧密联系，从而使大规模利用水资源从一开始就

---

[1] Hartwell Bowsfield, *Louis Riel: The Rebel and the Hero* (Toronto, 1971) 讲述了这个故事。

成为可能。[1]

从这个角度看,摩门教徒比他们的清教徒先驱们更加幸运。新英格兰的农业生产有赖于独立的小家庭单位,只是偶尔得益于某种形式的集体努力,因此在很大程度上独立于公共权威。或许就是出于这个原因,尽管杨百翰所建立的集体政权在19世纪最后十年与联邦的冲突中被迫解散,但相较于只维持了一个世纪的马萨诸塞神权,得名于耶稣基督末世圣徒教会的摩门教持续繁盛并保持着令人惊叹的内聚力。

受宗教信仰组织和规诫,并服从于神职领导人的教派社群同样在俄罗斯边疆地区繁盛起来。其中有一些由外国人组成,例如德国的门诺派教徒。他们于18世纪在顿河以及伏尔加河流域成功建立起繁荣的农业社群。而对俄国整体影响更大的群体则是东正派内部的持异见者,即所谓的旧礼仪派教徒。来自俄罗斯正教会的迫

---

1 因此摩门教徒重复了世界最早期文明的经验。底格里斯河-幼发拉底河、尼罗河以及印度河流域都创造了史无前例的社会阶级权力结构和先进的人类技能。它们都建立在灌溉农业的基础之上,其维持都需要大量的劳动力。杨百翰以类似的方式建立的摩门社区较之先辈们在北美沙漠边疆所创立的社区远为成功。他为修建宏伟的神殿所花费的公共资源使他与那些年代久远的先辈们遥相呼应,那些先辈们所建造的神塔和金字塔至今为我们所惊叹。Cf. Leonard J. Arrington, *Great Basin Kingdom: An Economic History of the Latter Day Saints, 1830-1900* (Cambridge, Mass., 1958), pp.339-341 and *passim*.

害驱使这些旧礼仪派教徒逃入遥远的森林以及边疆的大草原里，在这些地方俄罗斯政府的法令才失去了效力。在北部，这些逃亡者成功地建立了一些社群，并通过制造五金器具以及其他的手工艺品来弥补贫瘠土地的产量不足；他们甚至还发展出了极为复杂且影响广泛的贸易系统，这为他们带回了能够弥补本身生产缺口的充足粮食。结果，旧礼仪派教徒不成比例地成为俄国工业和商业的先驱。

官方的迫害在18世纪缓和下来，但是在20世纪又再次加强。结果，一些俄罗斯门诺派和旧礼仪派成员发现在美洲边疆垦殖若干地点更为明智。这些地点南至阿根廷和巴拉圭，北到美国和加拿大。在新世界，这些教派以一种较为缓和的形式迅速发展，与正统教派之间的冲突使它们有别于俄罗斯的正统教派。[1]

边疆的教派主义也可能以更可怕的面目出现。比如在南非，班图部落的人于1857年依据神启宰牛烹粟，来祈求土地的丰饶以及

---

[1] 关于门诺派的讨论，参见 Benjamin Heinrich Unruh, *Die niederdeutschen Hintergründe der mennonitischen Ostwanderung im 16., 17. und 19. Jahrhundert* (Karlsruhe, 1955); A. H. Unruh, *Die Geschichte der Mennoniten-Brudergemeinde, 1860-1954* (Winnipeg, 1954)。关于正统教派的讨论，参见 Robert O. Crummey, *The Old Believers and the World of Anti-Christ: The Vyg Community and the Russian State, 1695-1855* (Madison, 1970)，这本书尤其有用。

摆脱白种人。大规模饥荒接踵而至。[1] 约一代人之后的巴西，一股千禧年崇拜围绕着一位狂野的圣人兴起。这个人被他的追随者们称为"好的耶稣安抚者"（Good Jesus Comforter）。他们拿起武器，与国家政权决一死战。战争在两年之后的 1897 年结束，与之相伴的是对反叛信徒的大肆屠杀。[2] 更近的一次是 1978 年吉姆·琼斯（Jim Jones）的信众跑到圭亚那热带雨林恶劣环境中进行的大规模自杀。这一事件震惊了美国大众，向他们展示了自发性追随宗教权威以寻求自由的行为可以发展到多么可怕的境地。这种（看起来）矛盾的行为总是在国内邻近边疆地方尤其明显。由于那里人烟稀少，嘲笑这些信众的人们并不能威胁到这些社群的信仰。共同信仰激发的集体努力所取得的实际成就，远胜于彼此独立的拓荒家庭所能获得的成就。

在所有这些提及或未提及的例子中，欧亚大陆和美洲的边疆社会持续地展现着两极张力，这种两极张力成为这些地广人稀地区的重要特征。如 1750 年之前一样，1750 年之后在世界各处变动的边疆地区也都呈现出了无政府主义式的自由和人为加剧的社会等级制

---

1 De Kiewit, *op.cit.,* p.76.
2 巴西文学中描述这场遭遇的知名作品是 Euclides da Cunha, *Os Sertões,* translated by Sammuel Putnam, ed., *Rebellion in the Backlands* (Chicago, 1944).

度之间如同水火的两极特征。

18世纪中期以后在东欧以及美国社会发展起来的重要特征,事实上就是我们所认为的衰老的东部特征。在美国的东部沿岸,在拉丁美洲的政治中心,以及在乌克兰、罗马尼亚和匈牙利的城市中,与西欧社会越来越类似的那种复杂的社会层级结构开始繁荣起来。以若干中心城市为例,费城、纽约和波士顿,布达佩斯、布加勒斯特和基辅,墨西哥城、利马和布宜诺斯艾利斯,这些中心城市随着人口的增长和技能的提升,开始成为它们各自所在腹地的中心大都市。职业分化等现象开始像在欧洲城市中那样激增。浮动工资率使相互竞争的工作间分配劳动力变得越来越有效率。原来为了完成那些棘手工作,有若干法律严惩变更工作的行为,现在这些惩处法规都变得不再必要。尽管要再等一个多世纪才能得到法律认可,不过从这时开始农奴制和奴隶制就已变得不再必要了。

美国的独立战争以及在美国土地上建立的新的主权政府(1776—1789)加速了将整套欧洲文明移植到新世界的进程。拉丁美洲要稍稍落后一些。西班牙的美洲帝国在1808年和1821年之间已经萎缩成了若干支离的碎片。尽管巴西一直到1889年都处于葡萄牙皇室分支的管理之下,但它事实上于1822年就实现了独立。

自治政府以及主权国家的一系列衍生物产生了种种新的职业以

及一种新的精神,但是对于欧洲的精准复制从来不成问题。不论其他,美洲混合的种族就使得美洲和欧洲有着永久的不同。美洲的印第安人、欧洲后裔以及非洲移民在新世界的各个地方以不同的方式实现自我价值:在海地,黑人取代了其他所有族裔;在新英格兰则是白人代替了其他族裔;但是在大部分地方,黑人、白人、红种人以及数量不断上升的混血人种以不同的比例共存。

只要到适婚年龄的年轻人一直都能获得足够的土地,那么人口的增长就不会产生什么严重的问题。在美国和加拿大,政治上的动荡总是关于中心城市与乡村人口之间的问题,新的管理精英往往集中在中心城市里。在拉丁美洲的偏远地区,当地的土著继续着自给自足的生活模式而很少受到外部人口的影响。但是在墨西哥中部以及其他邻近城市市场以及政治权力中心的地区,市场活动以及能够通过法律手段不断扩大自己拥有土地的人将社会分裂成了相互敌对或者冲突难以化解的对立阵营。

不过就算在这些例子中,发展起来的交通和交流方式——铁路、电报、报纸,以及其他20世纪的类似发明——都通过扩大农村生活中的市场交易规模,缩小了城乡之间的差距。由于农村一方感觉到利益总是被不平等的贸易条款侵害,因此加速的商业化进程反过来催生了政治摩擦。结果就是往昔的边疆社会以较快的速度形成了类似于欧洲大都市的社会模式。

或许欧洲中心和边疆社会差距缩小最明显的一点就是19世纪在法律上废除农奴制和奴隶制了。由于涉及若干主权国家，整个过程也是一步一步渐进式的。最早的具有里程碑意义的时刻就是英国在1772年废除了奴隶制，不过当时是通过司法解释而非法律明文规定的方式实现的。在新建立的美国，最早从1777年佛蒙特州开始，一些州就正式从法律上废除了奴隶制。1794年法国革命时期的国民公会同样也从法律上废除了奴隶制。国民公会的法案对法国的海外殖民地造成了影响，最引人注目的是海地，在那里为阻止拿破仑恢复奴隶制而导致了一场血腥的暴乱。接下来就是1833年英国通过议会法案宣布在整个英帝国废除奴隶制。在此之后英国皇家海军努力在海上拦截奴隶船只。在二十年之内，大西洋的奴隶贸易就已大幅减少，不过直到19世纪90年代非洲东海岸的奴隶贸易才最终停止。

只有在美国，奴隶制的废除才需要大规模地诉诸武力。或许奴隶制并不是导致美国内战（1861—1865）的唯一原因，但它一定是一个贯穿始终的核心问题。[1] 此后，巴西成为美洲地区最主要的蓄

---

[1] 为什么美国不能和平地废除奴隶制，而其他社会却可以，是一个值得继续讨论的有趣问题。最近关于解释为什么南方贫困的白人联合起来对抗奴隶主利益的令人信服的著作是 George M. Frederickson, *White Supremacy*, pp. 150-162。

奴国。1888年在巴西奴隶制得以和平废除。十年之后当英国阻止桑给巴尔岛继续给阿拉伯地区出口奴隶之后，非洲的奴隶制最终只存在于人类的记忆当中。

在欧洲的东面，同样也是在这几十年间发生了类似的法律变更。15至17世纪，地主通过将农奴制制度化，把劳动力固定在土地上，以此来提高向西欧市场出口的粮食量。农奴制在19世纪被废除。这一进程开始于1806年普鲁士军队在耶拿的惨败。这一军事失败使得改革者们开始了包括废除农奴制在内的一系列旨在重振国家的国家改革。第二轮突破性的改革浪潮则是于1848年在整个哈布斯堡王朝境内废除了强制劳动。俄罗斯紧随其后，于1861年废除农奴制。随着1864年罗马尼亚废除农奴制，农奴制在欧洲土地上的最后堡垒也最终被消除。[1]

随着法律制度不再允许任何市场合约之外的强制性劳动存在，边疆社会与欧洲文明中心社会结构之间的差距就大大缩小了。不过劳役偿债制度在墨西哥以及拉丁美洲的其他地区一直存在到20世纪，与之类似的还有契约劳工制。这些制度通常由不熟悉欧洲法律和风俗的人们付诸实践，并与奴隶制高度相似。因此认为随着农奴

---

[1] Jerome Blum, *The End of the Old Order in Rural Europe* (Princeton, 1978) 提供了关于此问题的权威性论述。

制和奴隶制的废除，合法的强制劳动也被废除的观点是错误的。

澳大利亚的历史就可以清楚地说明这一点。最后一批劳改犯于1867年从英国被运往澳大利亚，终止了澳大利亚和新西兰地区在此之前所依赖的重要的劳动力供给方式。不过昆士兰的蔗糖种植园为了解决由此带来的劳动力短缺问题，从所罗门群岛上以类似于奴隶制的条件进口了大批契约劳工。但是1850年澳大利亚殖民地的自治阻塞了批量获得契约劳工的渠道，同时保证了"白澳"政策的实施。例如，伴随着1851年澳大利亚淘金热开始的中国苦力移民于1855年被法律所禁止。而仍然在北部蔗糖种植园劳动的肯纳卡人（Kanakas）则被严厉禁止在这里永久居留。

比利时国王利奥波德在刚果的代理人的活动于20世纪头十年成了国际性的丑闻。这为我们理解强制性劳动如何在欧洲法律和公众意见废除奴隶制之后依然存续提供了一个更广为人知的案例。同样在南非，当1860年之后金子和钻石的发现给旧的社会和政治模式带来新的压力时，相当于强制劳动的制度通过新法律条文而存活了下来。开采深层岩石的技术需要产生了大型公司组织；但是随之产生的超级现代商业管理模式与歧视性的劳动体系兼容并立，在这一歧视性的劳动体系中，付给工会内的白人矿工薪酬远高于付给撒哈拉沙漠以南的非洲矿工的报酬。这一并存之所以成为可能是因为部落制度的解体以及南非土著保留地内的人口压力，使得当地劳动力不得不接受矿产公司开出的任何雇佣条件。因此，当类似的劳动力的剥削制度几乎在其他地方完全消失时，南非一直保持到了20世纪的最后几十年。[1]

尽管臭名昭著，但是在数据方面，南非以及刚果的剥削性劳动契约不及在全球分布的印度契约劳工重要。这些契约劳工存在于印度以及全球其他各个遥远的热带地区。由此1833年英帝国对奴隶制的废除事实上带来了一个悖论，即雇佣越来越多的"苦力"来完成依赖当地劳动力无法完成的工作。受契约束缚的印度人事实上在英帝国那些需要额外人手的热带地区代替了被奴役的非洲人。

在印度内部，苦力劳动力制度继续推进着边疆的扩张。例如当印度要求废除苦力制度的公众舆论在1840年代到1920年代不断升高的同时，雇佣苦力的茶叶种植园却通过雇佣苦力这一传统的边疆拓殖方式向阿萨姆邦雨林处女地不断渗透。种植园主通过提供五年的契约合同从人口密集的印度村落中招录劳动力。结果在1911年至1921年阿萨姆邦茶叶生产量达到顶峰的十年中，不少于76.9万

---

[1] de Kiewit, *op.cit.*, pp.88-276, 提供了关于南非劳动力实践和种族政策的清楚且具有批判性的论述。Frederickson, *op.cit.*, pp. 199-238 指出了美国和南非种族以及工业劳动力关系模式的不同之处。

的印度人在相当于奴隶制的条件下被输送到这个地区工作。雇佣者并不提供保持其劳动力健康的长期投资，而当地湿热的气候也使得热带疾病折磨着这些输入的劳动力，因此茶叶种植园的实际工作条件比大部分的奴隶制都要更加恶劣。[1]

在英帝国的其他地区，例如毛里求斯、特立尼达拉岛、锡兰、纳塔尔等地，来自印度的契约劳工同样在19世纪以及20世纪早期扮演着重要角色。从1835年到1920年，总共有2770万印度人离开印度，他们中的绝大部分都是苦力。其中约有2400万人在合约到期之后回到印度，其余的大部分人都死了，只有很少一部分活了下来，他们的后代子孙构成了当地人口一个特别的组成部分并繁衍至今。[2] 类似的中国苦力的数据并不存在，不过中国苦力在数量上远少于印度苦力。尽管如此，中国的契约劳动力在澳大利亚的淘金

---

[1] Hugh Tinker, *A New System of Slavery: The Export of Indian Labour Overseas, 1830-1920* (London, 1972) 详细展示了印度苦力是如何被招录、输送、虐待以及最终被送回印度的。Tinker 的路径是描述和道德层面的而非统计学的。

[2] 关于印度契约劳工的数据来自 Kingsley Davis, *The Population of India and Pakistan* (Princeton, 1951), pp.99, 115-120. 将契约劳工作为奴隶制的补充的讨论见 Stanley L. Engerman, "Servants to Slaves to Servants: Contract Labor and European Expansion," forthcoming in E. van den Boogaart and P. C. Emmer, eds., *Colonialism and Migration: Indentured Labour Before and After Slavery* (The Hague: Martinus Nijhoff/Leiden University Press, Comparative Studies in Overseas History, Vol VI)。我对这个问题的理解来源于这篇论文。

热（1851—1856）中扮演了非常重要的角色，而中国的苦力群体在秘鲁（1840年代到1870年代）开采鸟粪石，在加利福尼亚（1860年代）和西加拿大（1880年代）建造了当地的第一条铁路。澳大利亚的"白澳"政策意味着所有的中国人必须返回中国；而北美的中国劳工在其工作合约结束后仍然留在当地，因此在旧金山和温哥华都出现了知名的中国社区。

只被轻微伪装的强制性劳动制度在欧洲扩张的边缘地带继续存留，并不会使我们感到惊讶。在人口稀疏或者当地人口自觉没有必要改变自己生活方式去为那些白人入侵者工作的地区，除雇佣强制性劳动力外，没有其他办法可以使蔗糖种植业继续繁荣，也没有办法建造铁路或者其他的大规模建设。此外，这一过程本身也不断滋养着这一制度。由于适宜的劳动力会被输入当地，在边远地区修建的码头和铁路为有利可图的矿产以及种植园事业提供了新的机遇。苦力能够类似于奴隶或者比奴隶更好地服务于这些事业。这是因为暂时性的劳动合同以及残存的自愿性质的签约行为能够在道义上为雇佣者辩护，也能使劳动者更能忍受艰苦的劳动条件。

不过，尽管苦力劳动力已经成为一门庞大的生意，并将三倍于过去大西洋贩奴船上跨洋过海的非洲劳动力，法律认可的强制性劳动在19和20世纪中仍然不可避免地成为一种逐渐萎缩的劳动力组织模式。这主要是因为与1840年开始从欧洲出发的大规模移民相比，被奴役的和受契约束缚的劳动力的数量显得不足一提。

早期从欧洲出发的大量自由移民并没有留下任何统计数据，但当大规模移民开始由现代政府管理以后，则出现了相对准确的统计数据。我们由此知晓1846年至1920年间，约有4620万欧洲人在海外定居。这一时间段的后期，也就是1880年到1914年间，另有约1000万欧洲人向东进入西伯利亚和高加索地区。[1] 而同时间段的跨大洋苦力贸易人数则只相当于自由移民人数的一半。由此从19世纪中期开始，在欧洲边疆以及既有边疆的经济发展中，自由劳动力的数量超过了强制性劳动力。而在我的第一讲中，我们可以看到1800年前这一平衡则向相反的方向倾斜，这是因为1800年前非洲奴隶的数量要远超于来美洲的欧洲移民，而欧洲移民中很大一部分也是不自由的契约工人。

1840—1920年间由个人或小规模的亲属群体提供经济支援的远距离自由移民浪潮是世界史上无可比拟的现象。这种现象成了美国国家意识的重要来源，并使很多人认为这是人类移民的一般形

---

[1] 4620万的数据来源于 Engerman, *op.cit,* 关于俄罗斯的殖民历程来自 Donald W. Treadgold, *The Great Siberian Migration* (Princeton, 1957), pp.33-35。

态。但是这种理解却是完全不正确的。对于那些成功将人口迁移到新土地上的人们来说，移民无疑意义非凡。而事实上移民也往往是由有组织的团体开展，他们备有武器，准备击退那些本对土地拥有所有权的当地人。与赢得应许之地的《圣经》叙述相比，19世纪和20世纪实际盛行的移民模式没有形容的那样美好。

由个人以及家庭组织的大规模的移民模式非常特殊，因此需要我们进行特别的解释。我们可以识别出四种不同寻常的环境条件，这些条件组合起来使大规模的人口输出成为可能。第一，从1840年代发展起来的轮船以及1850年代发展起来的铁路使得远距离旅行更加经济、快捷，这些新型运输工具也比之前的运输工具载客量更大。第二，新兴发展起来的通讯使得欧洲的城镇村落可以获得大洋彼岸或者西伯利亚土地上令人向往生活的准确信息。第三，由于接收地具有管理权的精英们意识到移民劳动力可以加速经济发展并惠及自身，因此这些接收地往往对新来者表示欢迎。第四，欧洲城镇中快速增长的人口使得数以百万计的年轻人愿意到远方寻求财富，因为他们很难在家乡遇到令人满意的机会。

正如我之前说过的，在18世纪中，当近代人口激增第一次开始影响欧洲时，大部分地方的年轻人还可以通过在自己家乡不远的地方对荒地和草原进行拓殖来获得令人满意的生活。19世纪中期以后,这种方式在欧洲越来越多的地方都难以为继,因为几乎所有可耕地都已经被占用。由此移民提供了一种显而易见的逃离困境的渠道。

当然尽管轮船和火车已经尽其所能降低运输成本,远距离移民的成本仍然非常高昂。大量的欧洲农民通过利用亲属关系克服这一困难,成功地从拥挤的家乡移民到海外热情友好的社区。通常来说最开始的定居是非常困难和成问题的。个人的非凡的开创精神或者一些非同寻常的因缘际会对于移民从最初的村庄到另一个遥远且适宜的地方发展是非常必要的。不过等这个新人成功在美国、加拿大、阿根廷、澳大利亚或其他地方安置并发展起来以后,他通常会寄钱回家,并将与他关系紧密的亲属带到身边。每一个新到来的移民都可以采取同样的做法,这样就创造了一条可以持续几代人的移民链。这样的安排使得众多欧洲村庄成功地将家乡的社群扩展到了海外。有些时候海外社群的人数甚至超过了留在欧洲村落里的人数。当1880年代海外适宜农耕的土地几乎被占尽后,大部分移民社群就开始在城市中聚集。尽管城市中的环境与村镇迥然相异,与旧时村落间的地区联系,特别是宗教联系,使得这些移民仍然能够保持一种集体认同感和社会控制力,至少对第一代移民来说是这样的。

不是所有在1840年代以后移民的欧洲人都是以完全自由人的身份完成他们的跨洋旅程的。其中一些人依靠雇主或者包工头来支付旅费。通常来说他们通过到移民地后为资助其移民旅程的人工作来付清自己所欠的旅费。就像将印度苦力带往热带地区的承包商一样，雇佣欧洲劳动力在偏远的温带矿场或者工地进行劳作的老板们同样不会细心地对待这些跨洋过海的劳动力。例证之一是我自己的一位祖先。他在1860年代间绕过合恩角到温哥华岛上为皇家海军开采煤矿，如果口述传统可信的话，他在不列颠哥伦比亚的生活条件与原先在苏格兰的生活条件几乎同样恶劣。

1840年以后自愿移民的增多仍然使得自由劳动力或是强制性劳动力不再是向欧洲移民开放的偏远边疆的主要劳动力组织模式。涌入的爱尔兰移民、德国移民，以及随后而来的意大利移民和斯拉夫移民不断补充着来自英帝国的移民。这些移民为美国的各行各业提供了充足的员工，并以此不断滋养和扩大着美国国内的市场关系和个人自由。移民带来的经济快速发展远胜于1863年奴隶制被废除之后所引发的经济增长。[1] 智利、巴西、阿根廷，以及澳大利亚、

---

[1] 毫无疑问，南方发明的契约劳工的合法形式使得1863年以后针对黑人的大量强制得以延续，参见 William Cohen, "Negro Involuntary Servitude in the South, 1865-1940: A Preliminary Analysis," *Journal of Southern History* 42 (1976), 31-60。

新西兰、加拿大和南非都成了蜂拥而至的欧洲移民的接收地。同样在这些国家中（除了南非以及1888年废除奴隶制后的巴西），在法律规范尚不完善的市场运行中自由雇佣也非常盛行。

在边疆地区通过自由选择以及个人意愿分配劳动力的方式引起了新的问题。一些欧洲村庄（比如说在南意大利）由于在1914年前向美国输送了过多的居民而变得了无生机，几近毁灭。此外，在移民去往的新土地上，强者对弱者的剥削以及两者间的不公平在各个方面都产生了不良影响。移民急切地希望在新铁路沿线成为农民或者从事其他工种来安定下来。由于靠近铁路沿线，他们难以逃脱世界性商业网络以及欧洲文明的控制，不过他们也并没有意愿要逃脱。但是由于他们的新生活依赖于大宗买卖交易，这些移民发现自己的命运全由控制货物往来的中间商操控。

这种情况之下，利益的冲突开始出现。结果美国平民派的抗议以及其他边疆国家内类似的抗议活动，成了19世纪晚期至20世纪早期政治中的重要组成部分。直到第一次世界大战时，商业和农业以及这两种生活方式之间的差异才在美国逐渐缩小。这是因为农民在外表上开始变得越来越城市化，并且开始将农业看作商业的一种。在加拿大、澳大利亚、新西兰以及阿根廷，农业的商业化步伐也几乎与美国同时进行。边疆社会沿袭的中心和边缘地区之间的分化和不信任也逐渐消散。

第二次世界大战之后，即使是在偏远矿区的工业城镇上，自由和强制之间的矛盾也明显消失了。在孤立的前哨区驻扎部队的军事经验为战后民营企业提供了样板和标准。结果，1950年代以后，无论是在遥远的北极地带抑或是在波斯湾的沙漠地区，世界各地的矿工或者建筑工人都能够频繁地在这些地区飞进飞出。这些工人比以往任何时候都与更大的世界以及全球自由市场紧密联系在一起，他们再不会像过去那样被束缚在某个只有一个雇佣者或者只有一个供应商的地区。[1]

---

1 面对市场与面对疾病时的情形十分相似。文明的疫病侵入之前与世隔绝的社会，带来的结果最初总是灾难性的；类似地，市场关系在最初也常常摧毁当地赖以生存的经济模式和传统的生活方式。零星的接触代价同样高昂。对于疾病来说，这意味着周期性的传染病，并带来年轻人和老年人突然的、严重的、不可预测的死亡；对于市场关系来说，它会使买家和卖家之间发生激烈摩擦，这成了边疆生活的一个特征。我对此特征在讲座中多有阐述。但是在这两个例子中，完全的、持续性的接触反而会减小代价。即使致死性仍然居高不下，流行病的致死性最终会聚集在婴幼儿人群中，而这部分人口是最容易得到替换的，这也是历史中常常发生的实际情况；而完全暴露于市场规则之下，则要求行为个体机智地选择要做什么，和谁达成交易，以此从中获利。婴儿死亡带来的经济型平衡同样存在于不完善的市场环境中，那些做了错误的决定、给出错误估价的人们成为精于算计方的牺牲品。文明的历史或许可以围绕着人类之间不断的交换来书写，这些交换总是被不断变化的交通和交流方式所改变，这些交通和交流方式又以不断变化的方式将病毒、货物、服务扩散出去。

幅员广袤的俄国近期的发展也缩小了农村与城市、农业与工业两种生活方式之间的差距。不过有趣的是，在俄国，农业要素而非城市要素在这一混合物中占主导地位。

在俄国，市场和个人选择往往扮演着微不足道的角色。即使是在1861年废除农奴制以后，自由合约以及私人主导的市场仍然发展缓慢。无论是在1917年之前还是之后，与西方国家相比，政府决策以及官方主导在这里要重要得多。俄国革命起到了再一次加强强制力的作用。战时共产主义（1917—1921），以及开始于1928年的五年计划都通过旧有的发布命令的方式召集军事和工业所需要的劳动力。威胁以及时而诉诸武力使得这一传统方式得以贯彻实行。这一变化往往在俄国的边疆地带最为激烈。在气候恶劣的西伯利亚，拓荒工作往往完全依赖劳改犯，并由秘密警察进行指挥。

不过为了避免我们过于欢欣鼓舞于苏联强制与美国更依赖于个人对市场回应之间的显著差距，最后让我指出自1880年代以后，美国社会同样越来越深刻地受到来自官僚管理的影响。起初私人企业中的官僚发挥作用最为显著。[1] 但是1930年代以后，政府官僚联合劳资双方的代表，主导了几乎所有美国公民的生活。

---

[1] Alfred Chandler, *The Visible Hand: The Managerial Revolution in America* (Cambrdige, Mass., 1977) 对1880年以后公司管理的发展进行了有启发性的讨论。

毫无疑问，在美国这种受人青睐的间接式控制要比公然的强制好一些，但是总体来说它们并没有什么不同。由不同民族以及宗教团体的人们组成的复杂、多样化以及透明实体的经济，更多靠彼此之间的类似性而非文化上的统一性来维持。这一经济或许需要某些权力精英进行管理。遥远过去的传统帝国当然就是由这种方式进行管理的。18、19世纪的世界市场在很大程度上也是由一小部分的银行家、商人、政客以及官员来管理的，他们几乎都来自西欧。事实上，完全的个人自由只可能在那些完全驱除了外来武装威胁的地方实现，这样的地方在我们的世界遥远而稀少；而且1960年以后没有人愿意付出从提供人类物质需要的市场关系中撤退的代价。

* * *

如我所观察到的，大边疆的历史表明互相依赖以及交换所带来的好处太多，以致于令人难以放弃。但是互相依赖也意味着建立在强制和激励混合之上的社会等级制度和控制。过去的边疆居民通过他们的行为意识到这些现实，尽管总是很勉强地接受这些现实。没有人，或者说几乎没有人完全切断与文明体之间的联系，从文明体那里他们获得自己的技能和知识。他们依靠后方供给武器和工具；

当各个文明中心在19世纪通过改良的交流手段加强了彼此之间的联系以后，很少有人能够拒绝因扩大参与市场交易所带来的种种好处，即使交易的条款显得并不公平。

和其他在过去四百年间进入西欧文明圈子里的地区一样，美国的历史也明显显示出这些倾向。在更大的范围内，过去五千年的人类历史都证明了成为文明社会一员所带来的种种好处，尽管成为文明社会一员同时存在着固有的不平等以及对自由的种种限制。

依据这一时间尺度进行衡量，我们所考察的边疆现象是由于人类生态系统的常态被人口和文化的灾难打破而出现的醒目却也短暂的打击。显示过去五百年社会模式已经终结的迹象并不缺乏。欧洲人开辟大边疆并且占领大片土地的过程在1914年之后迅速结束。一战中断了欧洲移民的涌出。1920年代移民接收国实行的移民配额制度使得移民难以再恢复到战前规模。

而欧洲家庭模式以及性习惯的改变也降低了人口出生率。结果，除阿尔巴尼亚人以外，二战之后欧洲人不再养育众多成年之后难以在家乡找到满意工作的孩子。相反，当1950年代经济开始繁荣以后，移民浪潮开始朝着相反的方向进行，并将上百万的穆斯林带到了欧洲文明的中心地区。结果英国的巴基斯坦人、法国的阿尔及利亚人、西德的土耳其人、苏联的若干支中亚人口族群以及高加索地区的穆斯林等，开始在各个国家中从事那些不受当地人欢迎的工种。

观察欧洲的古老民族国家如何开始与其海外定居地变得史无前例地相似是一件有趣的事情。二战之后欧洲的主要城市，和美国、澳大利亚以及南非的城市一样变得多种族化。中心和边缘地区的差距由此进一步缩小。但是这一次差距的缩小并不是将边缘地区变得更加接近于欧洲模式，相反它是通过改变欧洲社会模式自身实现的。

这样一种逆转证明了1500年之后控制世界四个半世纪之久的欧洲扩张的结束。我们现在可以说从欧洲向外输出催生了大边疆的人口、机构、技能、思想的运动终于结束了。那么哪些新运动将取代这一旧运动呢？时间将告诉我们答案。如果认为主要人类分支之间彼此相遇所引起的变动已经达成了永久的平衡，那么这种想法就太幼稚了。恰恰相反，由于通讯变得更加密集，交通运输能力进一步发展，输出和输入反而会更加有增无减。但是沿着大边疆发生的相遇中所盛行的单方面文化优势则不太可能再出现。只有出现巨大灾难导致地球上大部分地区人口锐减，才有可能使刚刚过去的边疆状态再次出现。

我们可以知晓在近代早期疾病侵扰人类导致人口锐减之后的一

个自然发生的修复性递变。欧洲开拓边疆就是这样一个过程的重要表现。正如一个世纪之前特纳所分析的,边疆生活的每一次更迭都建立了更加复杂的社会以及更为细致划分的社会等级制度,并由此补偿了之前人类定居所产生的代价。

将发展的某个阶段理想化,认为其将更臻于文明的浪漫想法是最易让人沉醉的。特纳、韦伯以及很大一部分美国民众都沉醉于这种想法。[1] 但是到了现在美国在众多方面都已经与旧时的欧洲文明中心类似。我们的史学史也是时候该重新书写了。我们应该停止将美国的历史美化成一个区域性的地方史,相反我们的历史是恢弘的欧洲文明史的一部分,也是整个人类历程的一部分。

这对于我来说,是智慧的开始。将美国置于世界当中,并且认识到即使是在19世纪最为孤立主义的年代里我们也从未与世界分离,是美国历史学家的当务之急。或许这些演讲可以促使一些人往这方面努力,将我所提到的这些愿景具体化并精确化。

---

1 关于特纳在"文明"和"文化原始性"价值之间的模棱两可的观点,参见 Henry Nash Smith, *Virgin Land: The American West as Symbol and Myth* (Cambridge, Mass., 1950), Ch.22。

第二部分
从生态和历史的角度考察人类状态

致 谢

一所大学并非通过向教职工以及学生提供悠闲的生活来推进学术。相反,大学通过在特定的时间要求教师和学生在课堂上有所阐述来促进学术。通过规定时限,最初的想法得以形成文字,落到实处,并在继而的讲座中受到检验。

克拉克大学的布兰德-李讲座继承了这一传统。开设讲座的学者可以自由选择讲座主题,但是无论他是否完成自己的研究或者是否满意于他的准备,这位学者都必须在规定的时间进行讲座。如果没有这样的激励,这篇文稿永远不会成形。

本文实际于1978年9月在讲座上讲授,并随之根据朋友和同事们对初稿的批评和意见进行了修改并(稍稍)做了一些增扩。

最有用的建议来自罗伯特·亚当斯（Robert McC. Adams）、阿尔伯特·赫希曼（Albert O. Hirschman）、阿卡狄乌斯·卡汗（Arcadius Kahan）、唐纳德·麦克克劳斯基（Donald McCloskey）、丹尼尔·派普斯（Daniel Pipes）、休·斯克金（Hugh Scogin）以及爱德华·田纳。尽管我并不总是接受他们的建议或者探索他们推荐给我的一切路径，本文的平衡和说服力（我相信）多亏了他们的建议才得到实质性的提高。尽管如此，我仍认为最好还是保留讲座时论证与主张的主体，因为通过增加例子或修改结论来尝试更全面地涵盖历史复杂性，都可能使对人类过去进行概论的这种练习丧失其大部分价值。

我尤其要感谢克拉克大学历史系主任乔治·比利亚斯（George Billias）教授。他在伍斯特招待了我。还有西奥多·冯·劳厄（Theodore von Laue）教授，正是他最初向我发出了讲座邀请，并总是敏锐且敏感地对我要说的进行回应。

1979 年 10 月 12 日于芝加哥

微观寄生、宏观寄生与城市转变

尽管将人类在地球上的历程提炼成两次讲座的想法有些异想天开，但我还是准备这么做。毕竟这种异想天开的想法可以帮助我们超越以往的循规蹈矩，同时包括历史学科在内的所有学科都要求我们时时检验用以指导具体研究以及日常教学的理解框架。由于要在高度有限的框架之内研究所有的人类历史，我们不得不聚焦于历史上那些真正重要的里程碑，也就是去思考大量历史细节之下的底层结构。即使我的观点没办法说服你，这种高度概括化的思考过程或许会使你更为敏感地注意到细小的历史知识是如何被纳入我们从先辈们那里继承的整体图景，又是如何在整体图景中解释细小知识的意义的。

* * *

在过去，人类在地球上的历程通常在如下的传统框架中被研究。人类历史通常被划为两大部分：史前史以及以发明书写为界而开始的历史。史前史被划分为旧石器时代、新石器时代、铜石并用时代、青铜时代和铁器时代。有文字书写后的历史则被分为古代、中世纪和近代。

从表面上看，这一系列形容我们过去的术语是如此不一致。史前史的分期取决于用以制造工具和武器的材料，并且轻率地将木材以及其他易腐材料剔除出去，但是这些易腐材料事实上构成了工具中的一大部分。另一方面，有文字书写后的历史的三分法最初是根据一个相当高雅的文学品味来划分的。意大利的人文主义者相信近代是由他们复兴古典拉丁文而开创的，而正确的拉丁文被遗忘的时期则被他们遗憾地称之为中世纪。

当然，其他的阐释随后也被注入这两个分类体系。例如 1940 年代时，戈登·柴尔德（V. Gordon Childe）通过界定古代工具的形状和材质发展出来一种进化论，即从狩猎采集年代（旧石器时代），到食物生产年代（新石器时代），再到城市年代（青铜时代以及随后的整个历史时期）。

作为更早一些的解释，意大利人文主义者对于中世纪和近代的分期经受了更为杂乱且激烈的重新阐释。例如在 19 世纪早期，利奥波德·冯·兰克（Leopold von Ranke）根据国家之间的关系来划分历史时期。这样中世纪开始于罗马帝国灭亡，而近代开始于 1494

年，即阿尔卑斯山北部的政权开始侵蚀意大利城邦的主权之际。英语世界往往倾向于将欧洲的海洋发现（1492年，以及其他所有海洋发现）作为近代开始的标志，而有先见之明的卡尔·马克思（Karl Marx）则是根据当时流行的劳动形式划分古代、中世纪和近代，即根据奴隶制、农奴制和工资制进行划分。

较晚近的时候，近代的亚分期开始越来越多地受到历史学家的重视，之前历史时期的三分法也越来越受到挑战。这种尝试始于阿诺德·汤因比（Arnold Toynbee）在1880年代创造了工业革命这一概念，他是更有名气的阿诺德·约瑟夫·汤因比（Arnold J. Toynbee）的叔叔。第一次工业革命发生的时段正好与乔治三世在位的时期吻合（1760—1820），而那时候汤因比正在牛津开设一门关于乔治三世王朝的课程。随后，其他历史学家认为一场商业革命开始于16世纪，而费尔南·布罗代尔（Fernand Braudel）则通过强调欧洲经济重心于1630年代开始从地中海向北方的转移，认定商业革命开始于17世纪。与此同时，或许是出于对史前史家的模仿，经济史家的著作中开始出现大量以技术为标志的时代分期，例如煤铁时代、电以及化学时代、原子和电子时代等，不胜枚举。

更晚近一些，从1960年代开始的讨论则认为当代的情况是如此的特殊，以至于历史经验已无用武之地的观点开始变得流行起来。对于持这种观点的人来说，各种各样能够将传统和现代社会对立起来的类型学使他们心安理得地拒绝对前现代的人类历史做任何深入思考。由于这些历史学家常把现代性的范围限制在19世纪或者20世纪，我们所处时代的大部分人类历史活动都不被他们纳入考察范围。

不用说，我强烈反对这种将人类久远过去与现当代人类活动割裂开来的做法。但是一个有用的过去必须是能够为人所理解的；即使是从我这里粗线条的描述也可清楚看出，对在时间长河中人类情况概括性图景的困惑不解常使我们深受其苦。我的这些演讲试图将有关生态的观点和术语纳入进来，因此也将增添这种困惑。具体来说，我试图追索微观寄生以及宏观寄生这两种变动的模式，将它们看作持续并将继续影响人类活动的两个孪生变量。

我希望我所说的微观寄生对于你们来说已经足够熟悉。这个术语是指那些与人类竞争食物的微生物的代谢活动。它们部分通过侵入我们食物的组织来实现这一过程。通过首先侵入食物，这些微生物可以阻止人类从食物中获取能量。小麦锈病、动物瘟疫或者更为广泛的害虫和老鼠在人类仓库中进行的破坏等都是这一类微生物活动的例证。

微生物还可以侵入人类的身体，直接以我们的身体组织为食。

有些时候，这种入侵不会产生明显的不良后果；然而其他很多时候，则会引起疾病或者死亡。致死性和衰竭性疾病对于人类的数量、精力、思想等的影响都是巨大的。与微生物之间的交互，因人、因时、因地而异，而这些交互构成了时刻存在的生物活动期。总而言之，微生物寄生类似于一块损耗并将继续损耗个体和群体生存的大磨盘。

我必须承认我对术语"宏观寄生"的使用没有那么直截了当。从我们遥远的祖先成为地球上最强大的狩猎者以后，再不存在任何物种可以凭借长期捕食人类而存活。这就是这个词"宏观寄生"的一般释义；因此，从其一般释义的角度来说，宏观寄生在人类历史上发挥的作用微乎其微。

不过这个词对于我来说还有另一层比喻性的意义，即当一个人或者一群人从其他人那里获取食物或者服务时，他们的行为就类似于一种相异物种之间的宏观寄生活动，因此他们也可以被类推称为宏观寄生物。当然，自己生产的粮食被人食用或者为他人提供服务的绝大多数农民发现，要想获取自己所需的资源需要以等比例的食物或者服务来换取。当武装的袭击者侵入村庄时，类似于宏观寄生中一种生物对另一种生物的掠夺就十分明显了。当租税收缴者从农民手中获取他们的那部分收入时，由于没有突然的死亡发生，这种相似性则不太明显。不过，如果把这些人作为生物群体的一部分而非单个的个体，我们就会发现依靠食用动植物组织的宏观寄生物与依靠收租或收税的收缴者是十分类似的。以此类推，那些规范租税金额以维持缴纳者生计的习俗和机制，就类似于保持捕食动物少于被捕食动物的自然平衡法则。例如，在非洲的野生动物中狮子的数量要少于羚羊的数量。

由此我提出，将宏观寄生的术语用来描述人类各群体和阶级之间的剥削关系。如此一来，我认为这种用法并不会特别有违此词的生态学意义。这样一种比喻性的用法可以使我们关注历史时间中占据极大部分的人类活动：一部分人将自己田间劳作的收成部分地支付给另一些人，而这些收缴粮食的人则用这些收入来达到自己的目的。只有在很少的情况下，这些租税会返还给缴纳者。但另一方面，收缴的租税使缴纳者获得免受其他剥削者次数虽少但更为残酷的剥削的、虽然无形却实实在在的交换服务。

如果说微生物寄生就像是磨盘一样不断折磨着人类，那么人与人之间的宏观寄生则像上方的研磨石，不断重压着绝大多数人类。在磨盘与研磨石之间，这两种寄生使资源不受占人口绝大多数的农民的控制，并使他们只能维持基本的生活水平。

尽管上面所述模式大部分时间都运转良好，但是打破宏观—微观寄生平衡的大规模、破坏性的扰乱仍然时有发生。在人类有记录的历史上，战争、传染病以及大规模的移民都证明了生态平衡的不稳定性，而正是在这种不稳定性中，人类一直设法生存甚至繁荣发展。尽管饱受灾难，人类往往可以在短短几代之间就恢复战争或者疾病带来的巨大损失。这样就产生了一个围绕平衡点不断起伏的波动。就像动植物世界中的生态学平衡一般，理论上（尽管不是在实践中），这样一个波动平衡应该可以持续成百上千个世纪。

当然，在很长的时间跨度下，生物进化会改变植物以及动物的生态学关系。在较短的历史时间内，人类发现和发明的能力同样也会通过挖掘新的财富来改变宏观生态学关系。一项发明可能会引起其他变化。这种情况下，失控的变化在被打乱的社会和生物学平衡中不断激起回响，有可能打破宿主和寄主之间持续数世纪的平衡。通过这种方式，人类的数量以及技能不断地突破之前无法超越的阈值。但是在更遥远的过去，新产生的阈值往往会呈现走向新平衡的趋势，这种趋势使得宏观—微观寄生活动再次恢复平衡，进而限制和约束人类活动。或许从足够长的时间来看，最近若干世纪中的工业扩张也符合这种模式。尽管关于平等的民主理论声称人与人之间的寄生关系将会最终消失，但无论新的财富看上去多么充裕，或许都不能实现这一目标。

虽然这种关于人类状况的沮丧观点似乎非常可信，但我并不是说这是一个不证自明的事实。相反，相互性也是人类以及交易关系中间的一个事实，交易双方都能从交易中获取实在的好处，这种相互性与剥削以及单方面索取一样都是历史中的重要部分。当然，在人类文明史的早期阶段，贸易和市场规范下的生产似乎并不是特别重要。在漫长的时间里，物品和服务的交换由供求双方自发自愿进行。这种自发自愿的交换容易不断遭到强行中断，因此时断时续。从遥远地方来的袭击者和近在咫尺的统治者永远都希望没收而非花钱购买。当他们强制征收时，为了市场交易而产生的贸易关系以及自发性的生产活动就会被削弱，或者甚至消失一段时间。不过这种市场行为往往很快就能重新繁荣起来，因为交换来自各地的或由各种匠人制作的不同货物在本质上是互利的。这种对双方都有利的贸易以及基于自由议价买卖的生产活动，其规模和重要性都在逐渐增加。由此剥削者和被剥削者之间那种直接的利益冲突就被冲淡甚至有时被超越了。

宏观寄生剥削活动在未来将在多大程度上被限制对我来说是一个尚无定论的问题。另一个相关的问题是，人类的技能在未来能在多大程度上赶走疾病或者击败那些与人类争夺食物的其他物种。打破平衡所带来的巨大且意想不到的变化在过去时有发生；不过在我们时代，无论从哪个方向冲破坚固的限制都不太可能。但是无论何种灾难等在前方，即使微观以及宏观寄生这两块研磨石仍会继续折磨人类，使人类得以统治地表的历程仍将继续。探究打破这些平衡发生系统变化的次数和情境就是我这些演讲的目标。

* * *

我认为人类生态史上的第一个里程碑就是我们的祖先登上食物链的顶端。这几乎肯定是人类习得语言并在语言帮助下通力合作的结果。当语言允许人类对自然环境的方方面面进行更为仔细的分辨时，例如分辨食物和危害物，分辨工具和玩具等，人类的知识和技能就得以积累下来。同样重要的是，语言使得人类能够在狩猎之前共同商量出一个计划，以此实现围猎中的紧密合作。语言同样极大地促进了新发现或新发明向下一代的传承。长远来看，得益于语言能力的技能和知识的积累最终改变了人类在自然秩序之中的位置。

人类最早的狩猎者和采集者生活在热带非洲，他们身处严峻的生存环境之中。非洲的生态环境当时包含（并且一直包含）一系列多样的微观寄生物，它们与人类共存发展。这些微观寄生物十分适应人类的存在，每次人类数量的激增都会引发一次剧烈的疫病传染或感染。[1] 伴随着有限的食物获取，热带微观寄生物足以使我们遥远的祖先在自然的平衡之下保持相对较少的数量。

接下来的里程碑则不啻为人类一次具有冒险性的发展，因为这一次是人类在地球上更为寒冷和更为干燥的地方繁衍，在这些地方，撒哈拉以南限制人类生活的大部分微观寄生物难以存活。最为关键的发明是衣服在这些新环境中的使用，它使我们从发祥地那里就遗传下来的无毛遮盖的皮肤得以维持在一个类热带的微环境中。兽皮裹身以及从人类之初就习得的对火的熟练使用，使人类能够在冰天雪地里生存；而当缝纫和裁剪的发明使得动物的皮毛与人类的身躯更为贴合时，人类的先祖甚至能够在极地生活。这使得人类的数量在全球范围内迅速攀升。

少数微观寄生物可能随着人类得到广泛传播：例如雅司病（yaws）可以在不离开人类温暖躯体的情况下通过皮肤接触在人类之间传播。但是绝大多数热带微观寄生物都没办法像人类那样抵御致命的寒冷。由此，在温带活动的人类得以摆脱在非洲发源地上将

---

[1] 自然界的微观寄生物对人类的强大影响可由东非大型动物存活到20世纪进行证明。在那里采采蝇叮咬牲畜和人类侵入者，使之感染致命的昏睡病。尽管没有前一个例子那么激烈，疟疾也是直到最近对人类在非洲的生活一直产生类似限制作用的例子。

人类数量控制在与其他生命物种数量基本平衡的大多数微生物。

全球人口的第一次爆炸式增长由此发生,并严重破坏了之前存在于温带、亚寒带以及新世界中大型动物之间的生态平衡。来到新地区的有经验的狩猎者们一定发现猎杀大型且没有任何戒备的动物非常容易,至少在刚开始时是这样的。一些学者认为在更新世,特别是在美洲地区消失的数以百计的物种,都是由新抵达狩猎群体的过分杀戮引起的,这些新抵达的狩猎者数量在当时已不再受到热带微观寄生物的限制。[1]

无论人类狩猎者是不是引起猛犸象以及其他大型动物灭绝的主要因素,这些物种的消失都使曾经靠捕食它们为生的人类面临严重危机。危机导致了采集人口的急速上升,例如很多人开始到潮汐涨落的海岸采集贝类等海洋生物。在欧洲发现的许多令人惊叹的贝丘已证实了这一点。然而在地球上的很多不同地区,越来越多的采集行为逐渐演变成了食物生产。人类学会了众多改变自然景观的办法,由此使得特定食用作物能够生长的区域变多。当这种改变自然景观的行为可以为一大部分人提供每年所需食物时,一种新的生活

---

[1] 这里关于更新世物种灭亡的解读并没有被广泛地接受。气候变化导致北部冰层的推进和消融可能更为重要。人类的散布正好与剧烈的气候变化因素结合起来,要解释旧有的生态平衡的打破不能将其中一个因素与另一个因素割裂开来。

方式就诞生了。

耕种的方法以及人类生存所依靠的粮食作物在过去有着极大的变化。不过一般情况下，通过改变自然景观提高粮食产量，控制杂草生长（即对人类没有食用价值的作物），以及提高若干种人类想要的种植物产量的想法在所有地方都是一样的。这些类似的努力几乎在大部分地方都同时展开，即使在有些地区所能得到的结果会有所推迟。例如在美洲，在新型耕种方法得以生产出大量粮食作物之前，首先需要玉米的基因发生深远的变化。

每当人类能够成功培育出一种粮食作物（无论当时是否有驯化的动物），与之相伴而来的人口的大幅增加以及生活方式的改变，都会相应提高微观寄生的重要性。人类试图只种植单一农作物的行为，事实上为这种植物的天然寄生物如昆虫、真菌和病毒等提供了更大的寄生范围。因此，人类在自己的田地上种植单一农作物越成功，这种植物也就更容易被这些寄生物所感染。除此之外，一年之中粮食的丰收和贮存也使得粮食容易受到另一类寄生物的威胁，即老鼠、昆虫和霉菌等。

不过人类能够看到他们的动物和昆虫竞争者。人类的智识通常使他们能够躲避这些灾难。例如，人类发明了能够防虫防鼠的贮存罐，甚至真菌和病毒有时候也能被阻隔。适宜这些物种繁殖的湿度和温度条件可以被观察到（至少是有些时候），继而被避免或者至少被弱化。但是所有改变自然生态平衡的努力都是与这些"杂草"物种永无休止的对抗战斗，因为由于人类活动而在作物上繁殖的微生物异常大量地充斥于自然平衡中。

在与竞争者争夺食物的斗争愈加激烈的同时，发生于人体内部的感染日益加剧。在同一个地方连续生活很多年的群落开始对一系列从口进入人体又被人体排出的细菌变得敏感。狩猎者常常处于活动中，因此很少通过粪口途径感染疾病，而常年与自己的排泄物相隔不远的村民则很容易感染痢疾或其他从宿主再到宿主进行传染的疾病。没有显微镜的帮助，人类无法观察到细菌感染，因此直到130年前，饮用被污染的水源一直是人类日常活动的一部分。

向食物生产的转型使得人口出现了第二次大增长。以前仅被用来狩猎或采集野果的地方现在被用作耕地，并能养活相当于以前数倍的人口。不过在所有的地方仍然有诸多将土地变成耕地的限制，不久之后作为限制力量的增多的微观寄生活动也显露出来。在近东，关于向食品生产转型的信息比其他任何地方都要丰富，这里的人口密度在农业开始发展的最初两千到三千年里逐渐趋于稳定。随着农民在北美、欧洲、印度以及其他边远地区继续增多，边疆村庄的数量也在持续增多。大约公元前5000年后，在近东最早的中心地带，这种稳定模式的出现使人类成了这里自然环境的规划师，这仍然可以从一个新石器时代不完整的村庄考古遗址中辨别出来。但是在其他地方，即使是在先天条件优越的地区，类似这种先扩张后稳定发展技能和人口的证据仍然非常稀少。

不过这种早期的村庄农业模式并没有最终持续下去。在公元前6世纪左右，新的、更为丰产的生产模式在流入底格里斯—幼发拉底河的各支流旁发展起来。两项发明在这里至关重要。第一项是灌溉，它将水流引入正在生长的庄稼地，以此保证了粮食的高产。第二项就是犁，当只有人力可以利用的时候，犁的发明使农民的效率提高了四倍。犁耕也使得在同一块耕地上一直耕种成为可能。杂草可以通过休耕来控制，即在植物生长时节犁除杂草来保持耕地空置。通过这种方式消灭有竞争性的物种，方便且成本较低地创造了一个生态真空环境。在下一年，粮食得以在这些上一年休耕的土地上丰收，特别是在那些经过人工灌溉的地方更是如此。灾难并没有完全被赶走：植物的铁锈病或枯萎病，或者毁坏庄家的洪水仍会发生。但是此类灾情并不常见。在大多数年岁中，辛勤的耕种都迎来了大丰收。

这样一来，通过犁耕两块耕地，每季一块休耕一块播种，一种固定化的农业模式在底格里斯—幼发拉底河谷地发展起来。与之相比，之前新石器时代的耕种者们则必须通过刀耕火种开垦新地并抛弃旧地来摆脱杂草的侵扰。但是另一方面，丰收也有其自身的天敌，因为固定的农业生产模式使村庄易受到新增加的寄生形式的影响。

首先让我们来考虑宏观寄生。事实上，如果那些不耕种的人可以说服或者强迫农民交出部分收成，农民除了供给自身外，其充足的粮食收成是足够供给这些不耕种者的。这一现实就发生在公元前4000到前3000年的底格里斯—幼发拉底河的冲积平原上。这种逐渐形成的、通过将粮食从生产者那里交到非耕种者手上的模式使得新型的社会分化成为可能。随着那些专门从事某种行业的人可以全职投入自己的领域，人类技能的积累也成为可能。结果就产生了我们通常称之为文明的，即高度技能化的社会。新产生的社会形态有别于过去更为简单也更为单一的人类群落。而城市的形成，即专业化精英的聚集，则成了文明史上的又一个里程碑。

毫无疑问，如果租税收缴者对耕种者压迫太重，则依然存在耕种者逃跑的可能性。但是在实际操作中，由于逃跑的农民很难找到一块下一季就丰收的处女地，这其实是一个成本极高的选择。不带粮食就逃跑，且在荒野中找足一年的粮食供给实在是极不现实的选择。因此，较高的产量以及对于灌溉犁耕的依赖将农民牢牢地绑在了耕地上，使他们极易成为租税收缴的对象。文明以及作为文明标志的职业技能分工即依赖这一基本事实。而在这一文明形态中的人类社会则在根本上分化成为宿主（食物生产者）和寄生物（不依靠耕种就有食物者）。

起初，这种新型的关系对于食物生产者是否压力重重并没有一个清楚的答案。只要常规年份的收成在供给耕种者及其家人以外有所剩余，将这些多余的部分分给其他人对耕种者来说并不会带来极大的损失。作为回馈，早期灌溉农业社会的祭司则保证着人与神之间的良好关系——在一个认为神的不悦会引起洪灾以及其他自然灾害的社会中，祭司这一角色相当重要。新灌溉工程以及其他公共工程（主要是神庙）的设计和修建同样由祭司进行监管。精心建成之后，这些工程非常直观地增益于社会的财富积累以及宏伟壮观。因此食物生产者和食物消费者之间最初理论上应是一种共生的关系，这种关系对大部分农民来说并不会带来巨大的损失。但有悖于这一假设的种种数据也是不争的事实，因此从文明史的最初阶段开始，更为严苛的剥削关系就有可能存在。

人类生活模式的第三次转型中有三方面值得我们在此讨论。首先，使人类技能迅速细化的职业专门化通过人类加诸自然生命之网的种种行为加剧了生态巨变。依照生活在肥沃平原上日益掌握熟练技能、强大且人数众多的人们的意愿，人类文明从一开始就改变着生态环境。诸如木材、石材、金属等稀缺和珍贵的商品只能在远离河流冲积平原的地方找到，那里底土之上往往有肥沃的冲积层且气候不适宜大树生长。为了从遥远的地方获取这些商品就需要发展相应的交通设施——轮式车辆、帆船，以及进行砍伐或开采的人类组织，或者将物品从远方运送过来的其他方式。这意味着冲积平原上的文明广泛地打乱了既存的生态模式，将迥异于原来的行为模式加诸或试图加诸这里生活的人类。

上面所述的人类社会城市化转型的这一方面对于我们来说都非常熟悉，因此我在此不再赘述。然而城市化的第二个方面，即扩大的微观寄生，对我们来说却不那么熟悉。例如灌溉使耕种者易接触水生寄生物，最常见的淡水寄生物从软体水生生物传至人体，导致血吸虫病，由此完成自己的生命周期。先前已经对新石器时代村民影响巨大的污水以及水供给问题，现在随着人口的增加、城市的形成使得粪口传播型疾病大大增多。从长远来看对人类影响更大的是，当文明群落达到一定的规模和密度时，病毒就会通过空气中的飞沫在人与人之间无限传播。

类似于天花、麻疹、百日咳等疾病，都是病毒从动物宿主传至人体，变成人类疾病的。当这些疾病没能杀死宿主时，这些病毒就会在人体血液中引发长期的免疫反应。因此当某种病毒无限期地存在下去时，它总会找到新的、之前未受感染的群体，以此使病毒世代延续下去。只有当人类数量足够多时，这一现象才有可能出现：比如说，在最近，麻疹需要超过45万的人类群体才能存在下去。毫无疑问，出生率以及将儿童送往学校的习惯影响了当今如麻疹一类病毒的传播方式；不过，如此之高的数据表明类似病毒感染的延续本来是如此不稳定的现象。无疑，只有在人口密度相对较高，且彼此之间交流网络广布的文明社会中，类似的传染才能持久地存在。

上述所说的病毒感染、增多了的粪口传播，以及从其他诸如昆虫等宿主传至人类的感染等，一并增加了微观寄生活动对人类的负担。简而言之，随着人类发展，生态进化也不断前进，在人类周边编织新的生命之网，以此代替曾经极大限制人类活动的非洲热带生态环境。

与此同时却存在一个讽刺的副作用。聚集于文明中心已经感染过某种疾病的人类与那些远离文明中心并未感染过这些疾病的人们相比，具有流行病学方面的优势。当文明群体与那些远离文明中心的群落首次接触时，往往会发生致命性流行病在后者中的爆发。对于病毒的脆弱性使这些之前与世隔绝的群体丧失了对抗文明侵蚀的能力。在中国、中东和欧洲等地存在的少数非凡且相对同质化的大型文明都是这种流行病学—社会学进程的产物，这一观点在我的著作《瘟疫与人》[1]一书中有更为详尽的讨论。

我将讨论的城市转型的第三个方面是与专业化分工相伴的宏观寄生的变形。城市首次兴起后不久，专业化分工产生的新技能以及灌溉犁耕所产生的大量财富使得此类城市成为外来武装力量攻击的目标。或许最初的武装侵袭来自城市居民，当他们为了获得木材、金属或其他需要的物品时便拿起了武器。与之后约公元前1800年的文学艺术家告知我们的版本相比，这一版本可能是吉尔伽美什史诗背后更为可靠的一个故事原型。但是无论城市居民是不是最早的侵略者，可以肯定的是，到公元前3世纪左右，袭击和掠夺已经成为两河流域生活的一个重要特征。当人类技能使财富积累到了足以引起侵袭和战争的程度，地球上的其他文明同样都经历了类似的由祭司主导到由军事管理主导的转变。

一群人对另一群人进行掠夺开启了一种新型的宏观寄生关系。这种文明的传播类似于病毒的飞沫传染，这本身就是文明的一种特性。只有富裕且已经分化开来的社会才能维持人与人之间的宏观寄

1　William H. McNeill, *Plagues and Peoples* (New York, 1976).

生关系。只有这样一个社会才能产生足够的财富供养自己的军队，并由此维持其劫掠活动。只有人口达到一定密度时，病毒才得以传播存活，而军队的存在则需要一定数量的被统治臣民以及在这些臣民中已经形成的较为先进的技能分工。如果没有足够数量的臣民或者足够先进的技能分工，长久地维持一个本身不能生产任何食物和武器的阶层是不可能的。因此这样一个统治阶层的诞生同之前讨论的传染病一样，都是人类文明的一大里程碑。这两种寄生形式在更为贫穷且分散的人类群落中都难以为继。

一个武士统治阶层还与病毒感染有另一层相似之处：一个可以支撑其劫掠活动的社会在与分化程度较低的社会进行接触时，这种接触往往是致命且难以抗拒的。无论是病毒的感染还是军队的掠夺，都首先击败对方，瓦解对方意志，并最终摧毁边疆居民的自主性和独立性。当边疆居民在与不断扩张的文明社会接触时，失去他们独立的身份将成为他们存活下来所付出的代价。

因此，我们可以肯定地说，不断增多的微观寄生与新出现的文明宏观寄生使农民对可用生产资源的显著消耗开始在近东第一个千年的文明历程中显现。很明显，即使人类发明创造的能力仍时不时地打破文明群体、生产力、微观寄生物和宏观寄生物之间的平衡，在城市转变之初被人类技能打破的旧平衡已经在恢复过程中了。

我并不准备开始讨论古代近东或其他地区起伏的政治和经济史,毕竟两场讲座难以包含这么多内容。因此,我在这里仅做简单的评论,即当人类面临新的微观以及宏观寄生入侵时,偶发的流行病就逐渐变成了稳定的地方性流行病。只要涉及微观寄生感染,上面所述的就是一个我们都非常熟悉的命题。宿主和寄生物之间往往是相互适应的关系。最近专家在若干例子中详细记录了当新的传染病接触到之前未感染的人群时,这一相互适应的过程是如何展开的。[1]

当人口数量和通讯网达到能够保持感染源的密度时,病毒性疾病群就会成为儿童疾病而继续存在下去。尽管致死率可能仍然较高,但是人们发现替换死于天花、麻疹或其他类似疾病的婴幼儿是相对容易的事情。某种疾病在很长的时间间隔内才爆发一次而使人类付出的代价要远大于这种疾病成为流行病而使人类付出的代价,这是因为如果很长时间才爆发一次的话,比如每三十或者五十年爆

---

1 我所熟悉的对此问题的最好的介绍是 Frank Fenner and F. N. Ratcliffe, *Myxomatosis* (Cambridge: Cambridge University Press, 1965)。这本书详细描述了澳大利亚和欧洲的兔子如何应对人类旨在通过使兔群接触一种致死性极高的病毒(起码一开始致死性很高)来降低兔子密度的行为。因为选择性存活理论,在兔粘液瘤病毒适应过程中致死性较低的病毒留存下来,以及兔群在面对新病毒感染中出现的适应力,两者的共同作用在三年之后稳定了兔群数量(与之前相比要低很多)。

发一次，则上次爆发之后出生的所有人都会易受这种疫病的感染。在这种情况下，父母或者有生产能力年龄段人群的死亡远高于短周期内较为固定的死亡率以及局限于婴幼儿死亡的代价。如此这般，传染病使自身适应于人类，最终感染性有机体同它们的人类宿主一样得以维持一个较为稳定的生命活动周期。这就是生物进化的运行模式。正如儿童疾病的模式逐渐形成以适应传染病，人类的文明聚集也变得越来越适应他们的微寄生环境。

相应的进化也发生在宏观寄生一端。其中一个主要表现就是帝国统治结构的兴起。从最早记录的征服者阿卡德王国的萨尔贡（Sargon of Akkad，约前2250）到阿契美尼德王朝、汉朝、罗马帝国、孔雀王朝，再到新世界中的印加帝国和阿兹特克帝国（在他们祖先的成就之上发展起来）等，帝国统治结构逐渐变得精密而宏伟。在文明世界所有地方，帮助帝国统治结构兴起和巩固的重要一点就是人们对官僚制的接受。这一点我是指经过一些仪式成为官员的个人由此以一种可预见的方式改变了自己以及周遭人们的行为。行为的改变是因为受命的官员本身成了最高统治者的一个象征。由此，只要各级官员以及其他接受任命的人们接受他们的任命，即使在遥远的地方或者统治者本身不出现的时候，统治权也可被实施。

一旦在远处的政府以这种方式变得可行，统治者和被统治者之间稳定的联系模式就使长远考量优势更加明显，相应的一些短期的盘算则不再具有吸引力。简单来说，从统治者角度来看，征收赋税远比劫掠更有吸引力；而从被统治一方来看，可预见的缴纳赋税方式也远比没有赋税也缺少有力保护者的掠夺来得好。

统治者和被统治者之间这种相互适应的结果与微寄生物和宿主之间逐渐发展起来的流行病适应模式非常类似。习俗和制度将租税控制在可接受的范围之内——可接受范围是指在大多数气候正常并且没有灾难的年份中，征税水平与缴纳租税者所需生活生产物资水平相匹配，以此保证租税缴纳者可以正常生活生产至下一季度。你可以参考保护价格之下粘性市场来理解这种关系。如果制定的保护价格过高，租税缴纳者就会因为所余甚少而难以为继，或者会被迫逃往保护价格更低的地方。但如果保护价格过低，帝国官员及军队就难以获得足够的物资将侵略者赶走，结果就会是来自域外的袭击和掠夺频发。

当然，在所有的帝国统治结构中都存在大量低效或无能的情况，其中细节历史学家所知甚多。尤其是地方上的豪强、地主往往会从耕植者手中截留一部分收入为己所用，由此削弱了中央权力，而他们截留的收入中只有一部分用于保护租税缴纳者。然而由于每一个文明社会都有外在的敌人，因此诸如此类的封建权力下放情况都会受到一定程度的制约。在欧亚大陆上，最有名的敌人就是那些草原上的骑兵部队。这些骑兵的游牧生活方式使他们适合战争，而他们的移动性也使他们在地方防御薄弱的对手面前具有优势。事实上，大部分欧亚政治史都可以看作帝国权力巩固和封建权力下放之间永无止境的起伏波动。每当定居的农业聚落难以抵抗大草原上的武装侵袭者时，这种波动就会被这种游牧入侵所中断。

换句话说，宏观寄生的过程试图寻求一个平衡点：租税缴纳人付给统治阶级足够的钱粮以供养军队驱除外来侵略者，而缴纳的租税份额又不致迫使缴纳人以放弃耕种和捐税为代价投靠劫掠者。当接近于最优点时，生产者生活的安全以及统治者的收入都能达到最大化。但是要界定这个最优点并维持它实际上却是非常困难的。统治者和地主因拥有更多的处置权而处于优势地位。对抗这种不平衡的力量则来自由宗教认可的一般法则所强化的习俗。

经过一系列的试错，军事力量与习惯、宗教禁令之间永恒的相互制约为租税缴纳加上一系列有效的限制，以此保证即使在凶年恶岁里耕种者也能获得适当的缓冲以维持生计。也只有这样，耕种者才能在不断侵袭农耕社会的各种自然灾害下生存下来。在丰年中，留在农民手里的余钱余粮可以换成资本货物：工具、耕畜、布匹。

在灾年中，耕种者常常处于饥饿的边缘，或死于饥荒。在这种情况下，人口通常要经过数十年才能恢复如初。

尽管战争和税收是使文明的人口服从于帝国统治结构的重要因素，流行病在削减人口和财富方面可能扮演着更为重要的角色。在那些有确切记录的时期和地方——即在近代早期的欧洲和中国，这一点都是毋庸置疑的。即使缺乏量化的数据，似乎可以肯定农村人口在与城市中心接触并受其管制时，不定期暴露于致命疾病之下的现象出现已久。而散布于内陆腹地的人们则难以抵抗来自文明地区的传染病。相反他们极易受到感染，并在之后不再暴露于这种疾病的若干年中经历断崖式的人口损失。换句话说，他们必须经历相当长的一段时间积累足够多未感染人数，才会发生新一轮的传染病。

* * *

毫无疑问，无论是微观寄生抑或宏观寄生中的平衡状态都难以达到十足稳定。但是可以看到临近基督纪年开始的时候，我添加于近东在城市兴起之前新石器时代村庄中的那种近似稳定的状态，可以在那时欧亚地区出现的每一个文明中察觉到。在东西方各自崛起的罗马帝国和汉帝国,与两者之间的美索不达米亚、伊朗和印度地区的帝国结构都具有相当的相似性。

我们可以将此看作当人类社会转向将农业作为人类存在的重要基础时所发生改变的自然高峰和目的。由粮食产量提高而增长的人口已经找到了适合发展的社会组织模式,同时扩大的微观以及宏观寄生范围又对人口的进一步增长加以限制。只有在那些还未发展起来的边疆地带,例如中国的南部和印度,或者远达北疆的欧亚大草原,抑或是欧洲西北部的森林地带,还有可以继续扩张的广袤地带。这些地区中的每一处都有阻碍农业发展的自然屏障。这些屏障有些是由气候引起的,有些是由科技引起的。对于那时只有扒犁的人来说,耕种草原几乎是一项不可能完成的任务。而欧洲西北部的湿润气候也不适于地中海的耕种方法。除此之外,流行病学方面的障碍同样十分重要,譬如在中国南部、东南亚、印度南部,以及撒哈拉沙漠以南地区疟疾以及其他寄生虫病肆虐,以致这些地方很难达到稳定的高密度人口,至少在人类通过提高灌溉技术改变自然景观或者降低疾病感染率之前,这些地方的情况都不会改变。

上面所述的这种假设虽然在逻辑上具有说服力,但历史的发展轨迹却证伪了这种假设。随着遍及亚洲和南部海域的交通和交流呈现常规的有组织的形式，人类交往的新模式开始影响各个社会和文明。这一点从基督纪元开始就变得非常重要，大篷车往来于中国和叙利亚之间，船只沟通连接了从埃及到印度再到中国的一系列旅程。

一系列习惯规则以及科技的突破对于保证人类和货物的远距离运输都是必不可少的。如何建造以及购买一艘船只是最开始的问题。航海技术、船员纪律、船上以及港口乘客和货物的安全等都必须达到令人满意的标准。对于大篷车来说，路上的各项规则至少也和海上的规则一样复杂。虽然可以保证车的数量，但是要使拉动车队的牲畜一直都保持一致的速度则没有那么简单，特别是你还需要几乎每天喂养这些牲畜。如果它们自己驮着自己的饲料，有用的负载量会迅速缩减到零。

无论是对船只还是大篷车来说，避免被劫匪抢劫都是至关重要的。事实上，只有所经路途上的各级官吏都认为经过他们所控地区运送货物是一件有利的事情，并且商队船队能够支付路途上安全行进所需费用时，这种常规性的远距离贸易才有可能实现。贸易的通行费等使得当地统治者可以从中也分一小杯羹（或者是更多的利益）；但是要形成这种商业上的寄生关系需要很长的时间，这是因为所有这一切都需要贸易达到一定规模。从短期来说，较高的通行费，甚至将货物全部没收，会给当地统治者带来更大的收益。但矛盾的是，较低的通行费反而会因吸引更多的商贸，从而带来总体上不菲的收入。寻找商贸通行费的最优值也是一个不断试错的过程。这一过程同文明世界中向地方农民收取合适的租税过程相类似。

大约到基督纪元时，这些科技、政治和社会方面的调整已经日臻完善，这使得远距离贸易能够在人类历史上发挥更为重要的作用。欧亚大陆上的所有文明地区都由航船或者动物拉的货车彼此联系起来，而扩展的商贸活动如探针一般从文明中心延伸至密集农垦区北部和南部狭长的未开化地区，迄今为止文明社会仍然局限在这些农垦区。

由此人类彼此间的历史关系开始呈现一种新的世界性而非之前的文明性规模。我将此转变称之为"商业转变"。而且"商业转变"的过程和结果都与引发文明兴起的城市转变相类似。人类社会的城市转变约开始于公元前 4000 到前 3000 年，正如我们所见，城市转变到公元前 1 世纪时已逐渐成熟，发展出帝国官僚国家以及我所说的"文明的"传染模式。商业转变仅用了约 2000 年的时间，就发展出了可与城市转变相匹敌的高程度的平衡模式。直到某种世界性政府出现时，这一成就才有可能达成，这是因为唯有世界性的政府才有可能驾驭近几个世纪出现的规模庞大且对日常生活极为重要的商业活动。

尽管人类尚不能对商业转变完全适应，我们仍可以用我之前描绘城市转变的粗线条笔触进行勾勒。

我们首先要考虑的一点就是，商业转变带来的最初影响发生在流行病学方面，并且是致命性的。至少在世界性的居住地罗马和中国是这样的。之前分隔在各个文明中心的疾病群开始汇聚在一起。病毒以及其他感染性微生物通过船只和大篷车传播至之前不能达到的远距离地区。相对较为稠密且之前未感染病毒的人群，史无前例地受到病毒感染的致命威胁。

结果之一就是在2世纪地中海世界爆发了所谓的"安东尼瘟疫"（Antonine plagues）。当时天花和麻疹首先在罗马帝国的人群中爆发，由此引发了人口的急剧减少（在最一开始就减少到约三分之一），以及随之而来的贫困化。最终，一场接一场的瘟疫使得地中海依靠生产阶级的军队、官僚和食利阶级再也难以为继，而罗马帝国也在蛮族入侵以及内部混乱的双重压力之下解体了。相似的情形也发生在中国，汉王朝在3世纪左右瓦解，使蛮族得以入侵人丁凋零的王朝疆土。

在中东地区和印度，似乎并没有发生类似的因疾病引起的大规模死亡。不过在这些地方,历史记录并不像在罗马和中国那样保存完好,因此具体情况也并没有得到全面的研究。在基督纪元之前,这些地区的帝国官僚结构远比世界性的文明中心脆弱。这或许是因为威胁当地人口的微观寄生活动更为活跃,由此使得控制在统治者以及地主阶级手中的物资相对较少。

无论我上面说的这种假设是否成立,在中国以及地中海世界发生的财富、人口以及帝国官僚体制的倒退导致了整个欧亚文明世界千年的大动荡。当然随着历史发展,最初因增多的旅行而在各大陆传播的疾病逐渐被新观念和新技术所制服,而这些新观念和新技术有益于人类财富和权力的增长,可能也有益于文明社会的稳定。这些新观念、新技术等的传播路径与疾病传播路径相同,有时比疾病到得早一些,有时则晚一些。

这一历程中最为显著的例子就是世界性宗教的兴起和传播,如基督教、佛教、伊斯兰教和印度教,又如信众较少的犹太教、摩尼教和琐罗亚斯德教。占星术和炼金术也广为传播,另外如马镫、风车、水磨、算盘,以及数位表示法等也都广为传播。宗教的救赎无疑使得其追随者对其生活具有更强的忍耐力,有时也可以缓和社会内存在的冲突,至少各派宗教给出的药方可以改变或者缓和人类的行为。从这个角度看,宗教的兴起和传播与水磨、马项圈、船尾柱舵轮，或者其他于欧洲黑暗时代发明或扩散的先进技术一样，有益于文明社会的进步。

与此同时，我们必须承认宗教的兴起和传播所需要的人类忠诚以及对于神域的向往，激发了新的或是近来变得有巨大影响力的人类冲突焦点。基督徒攻击穆斯林，以及穆斯林破坏印度神像对我们来说实在是再熟悉不过，这里不再赘述。宗教信仰或许也会使冲突摩擦更加难以忍受或者更加血腥。而在一个社会之中，当关于救赎的分歧成为主要的矛盾，双方相信永恒的拯救或毁灭系于一线时，国内冲突有时就会加剧。这一点在基督教国家中为一系列宗教改革的战争所证实；在穆斯林世界中则为什叶派和逊尼派之间的冲突所证实。不过在佛教以及儒家世界中，尽管有时武装的僧侣以及愤怒的儒者也在国内冲突中诉诸武力，关于信仰分歧的争端从未引起如在基督教或是穆斯林世界中那样同等规模的冲突。

尽管宗教救赎有时会以上面所述的方式激化人类冲突，但是我们可以认为对大多数时间中的大多数人而言，宗教所灌输给人类的道德训诫以及对于一个更美好未来的希望都有助于人类的繁衍生息。如果情况不是这样的话，这些新的宗教是不可能传播和发展起来的。

更笼统地讲，我认为在基督教纪年后初期瘟疫肆虐的混乱政治社会环境下，人类的所有思想和技术都面临着对其有用性更加严格的拣选；到公元1000年时，人类文明的提升——无论是社会秩序还是生产力，还是对流行病或军事武力的抵抗——都为新一轮的财富和实力的高涨奠定了基础。新一轮的增长逐渐扩散至整个欧亚居住区。

在扩散至整个欧亚居住区之前，两个彼此竞争又不能很好相融的规则在欧亚大陆争夺着控制人类的主导权。第一个就是无论是在和平还是战争时期，都有能够调配大量人力及物资的王朝指挥系统。另一个则是，只要没有上层权力扰乱物资以及服务交换活动，同样有能够调控人力物力资源的价格体系。统治者以及贵族阶层通常尴尬地与商人以及其他依赖市场生存的人们共生共处。这种关系从文明开始阶段就一直如此；不同的是，在商业转变的早期阶段，政治—军事权力的存续往往依赖于商人供给统治者的物资和服务，而商人对金钱以及市场的回应往往比对行政需求更为迅速且高效。

事实上，商人往往是被蔑视以及遭受道德谴责的对象。在田地中年复一年辛勤耕耘的人们认为低买高卖的人品行不端，因为他们并没有能在其所售货物上增添任何价值而只是提高了售价。大部分统治者即便忍受甚至保护那些狡猾并讨价还价的商人，也同意这种观点。基本的事实就是商人的行为违反了主要社会群体中的相互性模式，无论是在普通村镇居民组成的群体中，还是在宏伟的皇家宫殿里，皇宫里的待客以及礼物馈赠行为与军事实力一起加强了统治者和军事追随者之间的紧密联系。

  毫无疑问，一个熟练的商人有时会将珍贵的礼物通过武士敬献给当地的统治者，并能够获得更为丰厚的礼物回馈。珠宝商人马可·波罗就是通过这种方式横跨亚洲大陆的。一般来讲，在整个欧亚草原地带，这种方式最是广为流行。在伊斯兰世界，从穆罕默德（570—632）的启示中产生了商人和武士之间更为稳定也更具有预测性的联盟关系。穆罕默德在被真主安拉选为真主使者之前曾是一名商人，他生活的城市麦加是一个重要的商贸中心，在那里社会领导者是商人以及武士阶层。穆罕默德将阿拉伯半岛游牧的部民与城市中的商人召集在他的启示之下。在接下去的若干代中，当"真正的信仰者"征服了中东以及北非的大片农耕地区时，他们所继承的商人和武士之间的联盟仍然非常坚固。但我并不认为对于商人的不信任感在伊斯兰世界中消失了，相反，农民对赋税征收者普遍潜在的厌恶正是一种类似于对奸诈商人的厌恶。在基督教和儒家文化中，众所周知的是对于贪婪以及哄抬物价的公开批评，这已发展成为高级文化传统之一。据我所知，尽管在喜马拉雅山脉的北部地区，佛教和商人群体形成了紧密的联系，佛教徒对此则保持着教义上漠不关心的态度。

尽管伊斯兰教和佛教对商人的行为及道德标准展示出了某种适应性，但我认为基督教和儒家文化对市场中的欺诈狡猾行为进行的谴责批评代表了大多数人的观点（即农民的态度）。尽管商人的行为在道德上可能遭到质疑，但是如果给予商人足够的空间，他们对既得利益和已知价差的回应，使他们能够比任何官僚命令系统都更好地汇集和分配商品及服务。市场能够跨越政治边界以及广阔的海洋，从遥远的地方吸引货物，其方式比任何一位统治者的命令都更为强有力。即使是在单一的管辖范围之内，那些发现其个人利益与某种货物的安全运输直接相连的商人，通常也能够比运用强制性劳动力在自己的权力范围之内进行运作的官员，更为行之有效地将货物从一处运往另一处。因此每当统治者和军人阶级容忍商人，并且避免对他们课税过重或者避免接连不断地劫掠商人，以至于阻碍商贸时，从地区专业化发展起来的经济生产潜力以及制造业方面的规模经济就会开始展现出增加人类财富的能力。

一直到公元1000年左右，命令体系和市场体系较量的结果仍然不甚明了。对商人的不信任、鄙夷和厌恶常常破坏和摧毁贸易联系，蛮族的劫掠和迁移同样常常破坏既存的命令和市场体系。然而命令和市场系统不断地复兴发展,这两个系统在大规模调控人类活动的同时也不断地相互竞争。直到公元1000年之后,两者之间的平衡才开始向有利于大规模市场调控行为的方向发生明显的倾斜。随着这种世界平衡的缓慢变化,我所定义的近代(the modern age)徐徐展开。

微观寄生、宏观寄生与商业转变

在第一讲中,我回溯了人类的发展及其在文明条件下达到潜在稳定的生活模式。大约从公元元年开始,命令从主权中心发出并由地方上官僚系统的代理人在各地付诸实施,这一过程通过与地方上的地主、酋长,以及其他可以管理和保卫依存关系的掌权者之间并不稳定的合作来实现。所谓依存关系正是在相隔百里的人们之间所形成的城市专业化关系。这种地域广阔的国家,例如汉帝国、罗马帝国、帕提亚帝国、孔雀王朝、贵霜王朝,因此被认为拥有自公元前4000年自美索不达米亚文明开始的城市转变所需的机构性因素。

值得注意的是相似的国家结构不仅在旧的世界中产生,而且在大约1000年以后的新世界中同样产生了。西班牙人闯入并迅速毁灭位于墨西哥和秘鲁的阿兹特克和印加帝国时,美洲印第安人的社会组织结构并没有超越这种国家结构的层次。地球上在彼此相隔的地方不同的发展模式逐渐趋同,说明了这种从祭司管理到军人—官僚管理的发展并不是偶然发生的。相反,值得相信的是,由城市专业化引起的人类之间扩大的相互依赖需要一个保护壳。官僚命令体系就是满足这种需求最简单的一个途径，即在人们成年时期延续一种孩童般的对上级指令的依赖。

我的第二个主要观点就是，从公元元年开始，一种新型的变化开始影响旧世界人类的行为，我称之为"商业转变"。这种变化意指公元纪年之后将中国与地中海和印度联系起来的一个扩大的贸易。诸如此类的远距离贸易主要是由市场的价格差异引发的。成千上万个体的决定和行动最终影响了大篷车和船只的运动，并且决定了它们要载什么货物。

这些决定当然也要受到官僚命令的影响。政府通常都是绝佳的客户，对一些货物来说它们甚至是唯一的顾客。但是由于这种贸易超越管辖权边界，因此官员和统治者的权力受制于商人买卖商品的意愿，而商人的意愿取决于商品的买卖价格是否超出商人投资价格或是否能使其谋利。当官员的行为违背这一规律时，例如以低于市场价格强行购买或者干脆将货品没收充公，贸易活动就会迅速凋敝。同样的规律也适用于在单一国家之内进行的地方上的贸易活动。这样由于统治者和他们的官员们以低于市场水平的价格进行贸易，他们的政策阻碍了经济中个体因素的发展，这种政策在粮食贸易领域尤为盛行。命令式原则的推行使当地人们不可能根据自己的意愿进行贸易，相反要服从凌驾于他们之上的政治—社会等级制度中统治者的命令。

在接下来上千年间，文明社会展示了命令和市场调控行为两者不稳定且波动的结合，在此过程中没有一方占据绝对优势。当然，在市场原则作用极小的时间空间内，人类在没有其他选项的情况下更容易服从命令。然而当通讯在某种原因之下有所提高，此处和彼处价格差异的信息变得透明，私人贸易更能获利的可能性变得明显时，有利于双方的交易则会增加，而对官方命令的抗拒也随之增加。在这种情况下，只有当官方命令强化和遵循由私人贸易关系确立的价格模式时，官方命令才能够继续有效。

通常位于社会底层的绝大多数农民会继续响应官方命令。租税以从上至下的方式加诸他们身上，而市场价格在其中效力极小或者几乎没有任何效力。起初，农产品贸易一般是地主的事情，这些地主在地租方面的收益明显高于他们消费食物的能力，将农产品售卖以换取进口的稀罕物件或者城市生产的奢侈品对他们来说非常具有吸引力。故而生活在城镇中的商人们与这些地主形成了天然的联盟。这两个阶层都试图尽可能从官方的控制下获取资源，以使自己的个人利益和生活水平实现最优。

当然官员通常都是地主或者和地主有很密切联系的人，因此命令与市场的对抗常常界限模糊或模棱两可。由于商人和地主在扩大私人市场方面所具有的共同利益，颠覆命令之下对人与物质资源简单控制的可能与倾向，就好像是往帝国官僚体系中的肌体中植入了一种低度慢性的传染病。大约公元1000年之后，这种官方公共命令中的慢性感染具有了新的致病力，越来越深地侵入了整个文明世界的社会有机体。在感染最为严重的地区，市场影响力到达了社会最底层的农民阶层。

在这种变化来临之前，地方上市场和命令行为之间可谓张力十足。例如在地中海世界贸易和市场行为发挥作用的高点约在公元前300年到公元100年之间出现，这部分是由马其顿帝国的亚历山大挥霍波斯王国积累了若干代的黄金所引发的。充足的货币供应了繁盛的商业；同样也使得具有商业思维的希腊人逐渐在希腊化时代的君主国中占据了官僚体系中的高位。贸易和市场行为从地中海东部发端，逐渐蔓延至印度洋和西地中海地区。这一扩大的商业网络为与遥远中国进行联系的陆海交通的建立提供了主要动力。

公元2、3世纪时发生了灾难性的疾病，市场行为迅速萎缩，起润滑作用的现金几乎消失，不能再为维持军队和官僚体系的运作提供一个切实的基础，由此罗马帝国不得不恢复了以货代款的税收制度。然而即使是在最糟糕的年月里，贸易也没有完全停止，罗马帝国与中国和印度之间的商业联系仍然时不时地焕发生机。

在接下来的世纪中，来自帝国内部的反叛以及来自草原上的掠夺常常破坏地中海乃至整个欧亚大陆上的帝国命令体系。但是中央集权在自我防御方面的优势仍然使得领土广阔的国家不断复兴。而这些国家时不时对贸易征收的税费构成了自身重要的帝国资源。这一点在亚洲干旱带，即埃及和印度之间（阿拉伯半岛、俾路支斯坦）以及美索不达米亚和中国之间（伊朗、图兰和西域）尤为确实。在这些地区，由于地方农业资源稀少，租税不足以支持帝国运作；相应的贸易收入就更显重要。由于长距离的贸易极易受到沿途地方暴力的影响，因此对贸易征收的税费对于国家来说是十分不稳定的经费来源。但是每当一些公共指令和地方统治者的政策能够在相当程度上减少货物运输中的风险时，这种类型的贸易仍然能够持续复苏。

草原上的游牧民族在这一起伏不定的平衡关系中扮演着重要的角色。他们不断地征服定居居民；但是当他们不能再无法无天地进行劫掠时，他们总是以贸易替代劫掠。这一点也是因为草原游牧人群的生活方式使他们尤其易于进行贸易。他们的牧群难以为他们提供人类生存的理想基础。比起仅仅依靠肉、奶来生活，游牧民族用动物产品来交换粮食，以此维持更为丰富的食品供给。老实讲，如果游牧民族能够以更为便宜的碳水化合物代替没有必要的单一蛋白质饮食习惯,则草原以及欧亚大陆南部边缘的半沙漠地带就能够养活更多的人口。其他物品诸如武器、奴隶、珠宝、信息的贸易都仅仅依附于这一基本的交换模式。这种交换模式对于饮食结构不局限于谷物但却缺乏蛋白质的农业地区的地主和城镇居民来说同样好处多多。

这种贸易模式的结构就是在从沙漠边缘到中东南部以及地中海的文明中心范围内形成了一个横跨欧亚大草原的松散的互动连续体。自公元前9世纪马背上的劫掠将一种新的流动性带给草原和沙漠中的定居者开始,在这片广袤区域中活动的游牧者、劫掠战争中的各方,以及向往和平的大篷车队就以共生的方式,将旧世界原本分隔的文明中心越来越紧密地联系在了一起。当成吉思汗的帝国于13世纪在欧亚大陆的草原和农业区域之间日益密切的共生关系之上建立政治和军事系统时,游牧民族在其中发挥的作用达到巅峰。

每当蛋白质—碳水化合物的交换模式稳固确立时,草原上的人口就能够随之增长。草原人口对于生存的需求使他们必须去观察和学习那些能够使贸易者免收苛捐杂税的习惯。每一年的生存都依赖于牧民获得足够多被用来交易的粮食。牛羊可以自己走到市场上去,但是粮食的运输却需要货车。熟悉赶牛羊的游牧者现在必须花一部分时间去赶车。他们在自己的家园即草原和沙漠与文明中心之间来回穿梭，这些进行交易的游牧者现在完完全全地接触到了商人的思想和价值。对于文明魅力的熟悉感带着商业气息完全渗透进了游牧世界。尽管穆罕默德时期的阿拉伯世界提供了这一过程最耳熟能详的例证，相似的转变现在几乎同时在北边草原上的土耳其、蒙古以及通古斯——满人群中发生。

每当草原与耕地之间的和平关系被打断，劫掠就自然而然地代替了贸易，否则等待游牧民族的就只有迫在眉睫的饥饿了，游牧者已经变得依赖谷物食品来增加其热量摄入，从中摄取的热量远比他们直接从牛羊身上摄取的多。接下来在公元300年至1300年之间，游牧人的入侵和征服浪潮在欧亚大陆的政治史上扮演了浓墨重彩的角色，结果使得具有商业经验的统治者得以掌权。这一规律即使是在文明世界的边缘也同样奏效，在那里维京海盗和日本海盗代替游牧者成了当权者的主要对手。不过海上的抢劫者像之后的游牧者一样依赖贸易活动。只有有组织的和平贸易交换才能够一季又一季地将抢劫的货物换成用以装备船只和船员的商品。

因此所谓黑暗时代（Dark Ages）的政治变动使得欧亚大陆上文明世界中的统治者们史无前例地熟悉甚至认可商人阶层的价值。伊斯兰教的传播就是这一变化最显而易见的例证，在更遥远的东方和北方，另一个重要性可与之相较的历史事件就是成吉思汗的征服。但是即使是在蒙古帝国给予草原—农耕文明之间密切关联以政治表达之前，市场调控行为与亚欧大陆上的政治命令体系之间的黏合就已经在公元1000年左右迎来了一次重大突破。从那时开始，贸易和市场交换的规模就一代一代地扩大，并在此过程中证明了其具有决定性的改变力。

这一至为关键的改变或许开始于中国。宋朝时期（960—1279），天朝帝国发展出了结构精密的交换经济。中国从命令式到市场式经济的发展当然是循序渐进的。佛教僧侣和中亚与佛教有联系的商人从公元3世纪开始就构成了这种交换经济的重要输入方之一。另外一个重要的因素是公元780年的一个官方决定，即允许税收从实物变成货币支付。可能最为基本的一个因素还是帝国内部水运的发展，这使得货物在中国内部的运转变得相对廉价。这一过程中的里程碑是公元611年大运河的完成，自此长江和黄河流域得以沟通。当然中国两大流域与上上下下的分支流域构成内部完整的交通体系仍依靠大运河之前许多较小运河的完工。

税收从实物到货币的转换既预示同时也肯定了中国经济的转变。尽管这种转变在8世纪一开始时作为一种实施规模很小的例外而存在，但到了公元1000年以后货币交税已经成为主流。当货币税收出现以后，官员开始通过进入市场并购买政府所需的商品和服务来消费货币。这样官员就将现金返还到了私人手上，进一步在中国社会内将官方的权威加诸扩散的市场行为之上。

因此，亚当·斯密（Adam Smith）在之后论证的关于专业化所带来的种种优势早就已经在中国广袤的领土之上展现其支配力。随着生产效率的提高，财富的效能也大大提高。事实上帝国的官员们发现（颇为出乎意料）避免干涉市场行为反而能够增加政府对商品和服务有效的控制。只要中国不同地区的商业不断创造着增加的新生财富，且其增长一直是自发性的，则政府通常希望不要对此进行任何干涉。只有当哄抬物价或者其他违背儒家礼法的行为出现时，政府才会偶尔干涉私人对于资本的积累。通过发行纸币来对价格实现间接管控就是宋朝官方政策的一部分，而专门从事财政管理的官员发展出了有关于价格、财富和由金属货币支持的纸币之间关系颇为复杂的学说。

如果所有这些都突显了近代性，那我只能说确实是这样的。事实上，我认为近代开始于11世纪，即当中国的经济和社会开始发生这种变化的时候。

其影响力当然不局限于恭敬地服从天朝皇帝命令的各省份之中。邻近的民族也以朝贡国、附属国，或至少是服从中国宫廷礼仪的角色加入进贸易网络中。与中亚、西亚、草原以及印度之间的陆路交流成倍增长。更为重要的是海路商贸的发展。众所周知的长于航海的欧洲人远航到达朝鲜和日本；其他一些商人则达到了印度尼西亚的南端海岸，到 11 世纪晚期时，从中国南海直接航行到达印度洋已经变得常见。

广阔海洋空间拓展的影响同中国本土内陆河运发展的意义相当：贸易交换成倍增长，科技扩散，各地特产或专业化服务在亚洲东部和东南部的沿海地区大大促进了财富的增长。这一过程中最为重要的例子就是从南部进口到中国本土的早熟水稻（公元 1012 年）。这种稻米可以长在春天径流只持续若干周的山坡上，因此它大大增加了中国南部的粮食产量。在水资源充足的低地，早熟稻可以栽种两季，因此其粮食产量同样大为可观。粮食产量的大幅增长意味着从农民阶层（特别是中国的中部和南部）征收的租税收入与扩大的商业和手工业活动一起成比例地增长。建立在对社会上层服从之下的古老的、根本上是农业的中国社会因此得以维持良好的运转，新兴的商业和工业人口从未真正地对中国传统统治阶层形成挑战。

官方介入市场的能力仍然是毋庸置疑的，当经济方面更加鲁莽的蒙古人掌权之后，恶性通货膨胀扰乱了政府间接控制市场价格的宋朝模式。之后的数个世纪中纸币在中国丧失了信誉。中国之前向着大规模技术、贸易和工业的资本主义组织形式的最初发展都遭到了严重冲击,这通常都是因官方以私人无法盈利的价格买进战略物资而引发的。冲击在宋末已经开始,使得经济发展几乎陷入完全的停滞。只有当私人财富与官方许可的事业(例如对盐业制造和供应的管理)以包税的形式结合时,大规模的私人财富才得以幸存。公元1500年左右,当西欧人正在开启其近代的、全球性的军事和商业征程时,中国官方为稳定中国向市场经济发展的巨大波动所采取的举措使其对扩大的贸易交换反应迟缓。

我必须承认宋朝惊人的经济发展并未对中东产生任何显著影响。在这个古代的贸易和商业中心,伊斯兰教已经(从公元632年起)促进并维持了一次重要的商业发展;11到13世纪的温暖天气,虽然促进了西欧农产量提高和地区的经济增长,但或许给中东地区带来了致命的干旱。无论如何没有任何证据显示远东的经济繁荣在伊斯兰的中心地带产生了影响;而且最晚从13世纪开始,随着灌溉渠逐渐被废弃,伊拉克开始遭受经济衰退的影响。

你可能会将公元1000到1500年之间在中国发生的现象视为远东政治和商业共生模式的一次应用,其实这样的模式在中东地区早已存在,甚至在西欧也是如此。

当 11 世纪意大利的船只开始从一个港口向另一个港口运送货物时,一个新的富有活力和效率的贸易就已经在地中海世界发展起来了。与此同时,意大利人还几乎没有任何改动地接受了穆斯林(和拜占庭)对商业进行管理的法规。但是在若干世纪中,欧洲的商业网络仍然远逊于中国。马可·波罗在自己的旅行报告(1271—1295)中强调中国城市的巨大规模,他对中国所有东西的巨大规模的感叹,印证了在 13 世纪时中国的发展要远超欧亚大陆的其他地区。

但是欧洲最终还是赶上来了。从 11 世纪发展程度最低点开始,尽管存在周期性的起起伏伏、对于市场行为的不信任,以及教会人员时常对高利贷的谴责等,拉丁基督徒从事的贸易趋于扩张。就像中国海洋贸易开始整合日本、朝鲜半岛以及东南亚进入一个单一的市场区域一样,欧洲航海的发展(以及一些重要的政治举措)也使地中海的商业与东到黑海西到波罗的海的商业联合在一起。黑海开放的关键年份是公元 1204 年,当时威尼斯人以及一支混杂的十字军控制了君士坦丁堡,并由此将其海峡首次开放给他们的船只。同样重要的年份是公元 1290 年大西洋水域向意大利人的事业开放,当时热那亚的海盗和商人贝内德托·扎卡里亚(Benedetto Zaccaria)打败了之前将直布罗陀海峡向基督徒船只封锁的穆斯林。

在这之后西北欧的羊毛贸易与从东南地中海过来的香料贸易连接起来，从而能够跨越遥远的海洋距离以及多样复杂的政治格局，创造出一个逐渐复杂的相互依存体。

即便与中华帝国影响下形成的跨区域整合体相比，欧洲的商业仍显弱小，但事实上跨越数个政治边界形成的远西贸易模式，使得市场调控行为下的欧洲人与向中国私人贸易网络提供货物的中国商人和生产者相比，具有一个决定性的优势。正如我们将要仔细讨论到的那样，这一点到15世纪时以有趣且重要的方式被证实，当时中华帝国政权将有价值的物资转移到陆地上以防御从西北边疆入侵的游牧政权，由此禁止了海洋航行。

或许有必要区分世界范围内兴起的两次市场取向行为的浪潮。第一次浪潮主要是依靠从中国到东欧的陆上贸易网络，包括途经大草原的北线以及传统丝绸之路上更为悠久的沿着绿洲行进的路线。此贸易网络由蒙古帝国维持，蒙古帝国将中国、俄罗斯以及它们之间的大陆整合在单一的政治荫庇之下。由此意大利商业将黑海港口发展成与东部陆上贸易世界进行沟通的重要交换节点。

但是这个横跨欧亚大陆的连接带来了它特有的天罚，那就是致命的黑死病。众所周知，黑死病在1347年到达欧洲，最近的研究显示在这种新型疾病造访欧洲以后，欧洲人口经过逾130年才恢复到之前的水平。由于草地为鼠疫杆菌提供了永久的储存地，黑死病对草原人口造成了更为致命的影响，关于这一点我已经在我的著作《瘟疫与人》[1]中进行了论述，在书中我对此观点的论据有一个完整的讨论。

古典时代末期，当不熟悉的疾病对罗马和中国的人口及财富造成大破坏时，鼠疫在游牧民族中爆发所造成的政治灾难就是大的政治体的瓦解。蒙古帝国分裂成若干彼此争战的部分，横跨草原的贸易网络再也没能恢复。中亚在经济、政治、文化等各方面都被边缘化。这是因为除由疾病造成的人口大量减少导致直接贫穷之外，第二次商业发展的浪潮通过海路发展起来，相形之下，即使陆上的条件像马可·波罗时期一样再次允许大篷车免费通过，恢复的陆上交通也不再是一个经济实惠的选择。

中国的官方远征队在 15 世纪早期完全以帝国规模进入印度洋海域，直到公元 1430 年之后由于北京帝国朝廷的命令才最终撤出并完全放弃了这一活动。在南部海域活动的中国商人不可能在违抗官方命令的情况下继续活跃。诸如用于武装海洋船只的枪炮所用的金属等资源被帝国用来对付北境问题，由此船只的建造完全停止

1　William H. McNeill, *Plagues and Peoples* (New York, 1976).

了。中国人在印度洋海域阻止葡萄牙人,以及在美洲阻止哥伦布的机会因此早早流产了,这是因为中国的商人阶层仍然完全服从于帝国官僚,以至于妨碍了一个大规模独立商人阶级的产生。

在远西正如人们所熟知的,一个完全不同的发展路径产生了。葡萄牙人对非洲海岸的探索最终在1499年绕过好望角,发现了到达印度的海路。15世纪90年代的早些时候,在寻找中国的过程中,哥伦布发现了美洲,为欧洲打开了一个全新的世界。大家所熟悉的16世纪欧洲的商业革命接踵而至,将美洲生产的金银、欧洲的商业,以及欧洲与印度洋之间的香料及珍奇货物贸易连在了一起。最终日本和中国南部海岸也进入了欧洲控制的交换模式。随后欧洲最活跃的贸易和制造中心从地中海转移到了欧洲的西北部,这种转移到17世纪才完成,其结果就是英国、荷兰以及法国商贸的兴起。最终的结果就是到公元1700年左右,由单一市场控制的全球经济逐渐形成。

这样,中国的让位使欧洲获利。换句话说,中华帝国命令系统能够限制和更改市场导向行为的能力最终阻止了中国在全球海洋贸易网络中扮演活跃的角色。欧洲则取而代之;由于在欧洲不存在中国式的能够控制商贸活动的单一政治权威,欧洲人得以持续地从这种贸易中获取财富。

通过控制远洋贸易，欧洲商人将大部分财富聚集到了欧洲的城市中。除此之外，这个新生的海洋制度使得远西在三个不同的层面越来越凌驾领先于地球上的其他文明，这三个层面分别是思想观念层面、微观寄生层面以及宏观寄生层面。

首先，在知识领域，欧洲人有足够的钱来满足他们对地球上新出现的多样性的好奇心。由于他们控制着与外族人交流的主动权，他们对于自己水手所开辟的新交流并未感到直接威胁。相反，任何有用的新事物都能够引起他们的注意和好奇。如果有价值的话，他们还会对其加以利用。在其他的文明区域里，对新思想系统性的开放所带来的不同文化间或早或晚的相遇，总会引起一种防御性的思想，这种思想使得该文明将不熟悉的或者危险的东西都排除在外，这些外来的东西似乎会对传统的价值造成威胁。而在欧洲，这种顽固的保守主义并没有战胜自信的好奇心，这保持了欧洲在技能和知识方面快速的发展，直到在 18 世纪超过了所有的对手为止。

换句话说思想的流通以一种对欧洲人有利的新模式和速度进行着，这是全球贸易网络发展带来的结果之一。准确来讲，微观寄生关系的传播同样也是如此。地球上那些已经与疾病有过接触的地区，或者说那些对大部分微观寄生传染病已经建立免疫的人口和交流网络，在新兴的海洋交流中所受的痛苦要少得多。当然，像伦敦

115 和里斯本这样的港口都因其不卫生而臭名昭著，而15到18世纪之间周期性的传染病给欧洲（大概所有地方都一样）的城市人口带来了极大损害。但是随着这样的疾病造访愈来愈频繁，伤害就越来越集中在年龄小的人群。在数世纪中，最为致命的传染性疾病都变成了周期性的，至少在大的港口中心是这样的，所以只有婴幼儿容易死于这些疾病。随着内地贸易联系逐渐增强，越来越广大的内陆地区开始对疾病有了免疫力，因此即使某种传染病并未接触一代人或是从某个桥头堡城市传入内陆地区，成人人口也不容易遭遇灾难性的锐减。

因此，随着传染病在文明世界中变得越来越同质化，传染病以相反的方式，即促进人口增长的方式，影响人口结构。儿童相对来说较容易被取代，即使是较高的婴儿死亡率也能够被同样高的出生率所平衡。在此基础上，只要食物产量足够，人口就开始增长。这个趋势在18世纪的中国和欧洲都一度变得明显；印度的人口增长大概也沿着相同的轨迹，不过中东地区就没有出现这个趋势。这或许是因为中东食物供给的增多并没有其他地区那么容易，美洲的所有粮食作物，包括玉米、土豆、甘薯等，都不适于在占中东大部分地区的半干旱土地上种植。

然而在之前与世隔绝的那些地区，因海洋航行而开启的新的微观寄生关系则被证明是灾难性的。与欧洲人以及其他文明人类的接触常常导致严重的群体死亡。在地球上的许多地方，例如北美、澳大利亚、南非、西伯利亚，这一影响给欧洲的定居者们留下了空旷或者几乎无人管辖的肥沃土地。这些大多始于17世纪的殖民地为欧洲人的剥削提供了足够多的土地，并且通过以农产品和原材料迅速且大量地换取欧洲工作坊中的产品增加了欧洲人的财富。

与海洋帝国引起的微观寄生关系和人口结构变化类似，宏观寄生关系模式也发生了巨变。首先，骑兵在9世纪以来所具有的优势已经很大程度被火药武器的普及抵消了。游牧民族的抢劫在面对装备有武器的士兵时变得不再有效——事实就是对于整个欧亚文明世界来说，至关重要的边疆都从草原转移到了沿海地区。

这个转变经过了一些时间后变得不可逆转：直到17世纪的前半期，草原上骑兵战术变得黯然失色才成为一个既成事实。中国和俄罗斯帝国是从农业和草原作战能力带来的转变中获利最大的两个帝国。因此在17和18世纪，它们得以分别在亚洲内陆扩张自己位于陆地上的边疆，直至双方相遇，并由此产生了一系列悬而未决的争端。

短期来看，更为重要的是大炮的扩散，大炮最早是由到达亚洲海岸的欧洲船只带来的。这是一种几个小时的成功炮位射击就可以使持有者在城墙上开洞的武器。通过成功垄断大炮，一个君王可以确保他对其陆地上的对手享有不可超越的优势地位。如果发生争执，君王最终的撒手锏就会派上用场，只要当地交通条件允许，几个月后大炮就会被运到该地。

实践的结果就是建立了一系列火药帝国，这些帝国的规模以及镇压内部反叛的能力都远超以往任何时期。丰臣秀吉（死于1596年）以及德川幕府时期得到巩固的日本就是一个火药武器可以推进政治稳定的明证。中国的明王朝（1368—1644）及其后继者清王朝（1644—1912），印度的莫卧儿帝国（1526—1857），位于东地中海及邻近中东地区的奥斯曼帝国（1453—1923）都是此类帝国的代表。就此而言，俄罗斯帝国（1480—1917）也属于这类帝国；而葡萄牙和西班牙海外帝国的不同之处仅在于其依靠的是装有大炮的船只，这些船只将各省控制于首都统治之下。

但是在西欧，创建单一政治权威的努力却没有奏效。尽管查理五世（Emperor Charles V, 1519—1556）对欧洲和美洲的统治令人瞩目，但他却始终没有能力巩固其对德国的控制，更不用提对法国的征服；他的儿子，西班牙的菲利普二世（Philip II of Spain, 1556—1598）甚至没有能力将荷兰牢牢控制住。这样一来，西欧政治的多样性就在枪炮改革中被保留了下来，这在文明世界中是绝无仅有的。

历史为何会出现如此安排需要比我这里所给出的更为详尽的研究。科技绝对是影响因素之一。例如，欧洲古已有之的硬岩开采（与其他文明相比）可以至少追溯到 11 世纪，这意味着炮铜所需要的多种原料普遍存在，这样就没有一个统治者可以轻易垄断铸造枪炮所需要的铜、锡和锌。更具有决定性作用的事实是 16 世纪最初几十年里，心灵手巧的意大利建筑师发现护岸工程可以在摧毁性的枪炮之下保护石头城墙。将护岸与从布满枪炮的堡垒发出的对抗火力以及防止攀登的沟堑结合起来，就把枪炮赋予攻击者的优势立刻消除了。结果，从 1520 年代之后，在所有当地权力机关有能力建造这种新型组合的地方，艰难耗时的围城战在欧洲变成了常态。在世界上的其他地方，拥有少量的几台大炮都不再足以确立中央对地方的权威。

欧洲权力的持续碎片化状态意味着欧洲公共生活的大部分都被战争或者备战所充斥。其中的一个结果就是持续推进军备和军事技术的发展。兵法复杂且迅速的提升使得欧洲各国迅速超越了亚洲的枪炮帝国。在亚洲，当枪炮帝国中心对帝国内部的既有重型枪炮实现垄断之后，其发展军备和军事组织的动力也随之迅速消失。结果在 18 世纪或者更早一些的时候，欧洲的陆地力量就超越了其所有对手，而它们的海上力量也从第一次到达亚洲海岸开始就享有了类似的优势。

欧洲政治多元局面还有另一方面的形成原因，那就是没有任何一个政权可以使商贸活动完全服务于自己的利益。如果某地的税收过重，那么资本和贸易就会迅速转移至另一个商业成本较低的地方。因此，在20世纪之前，以市场为主导的活动的自主性与政治命令结构的并立，并没有成为具有争论性的问题。

其结果就是西欧比其他文明世界中的任意地方都维持着更大范围的市场调控行为。这反过来使得私人资本及利益在分类和生产商品以及分配服务时变得更有效率。然而市场调控行为的迅速增多和扩大并不能阻止欧洲各政权通过不断扩建陆军海军以增强自己的实力。当时西欧的财力使其无需在枪炮和黄油之间进行选择，这样一种情况的特殊性已无需在此多言。西欧的财富总额迅速增加，而税收的增加远落后于财富的增加，由此使得私人拥有和控制的资本惊人扩张。中国宋朝在一段时间之内也达到了类似的程度，但是中国的商人从未能像近代早期欧洲的商人那样，从政治统治者手中获得如此高的自主权或进行如此大规模的资本积累。

请容许我暂停片刻以强调西欧统治者和商人之间关系的这种非典型性。到大约1500年时，即使最强的欧洲君主事实上都要依赖商人和银行家来组建其强大的军队。不像其他文明世界中的君王那样以组建军事力量为名以税收形式收取当地财富，西欧的君主发现自己被困在了精明商人所织就的罗网之中，唯利是图的商人坚持从每一笔可能的交易中获利，或至少认为此交易会为他带来收益。不向私人借贷，统治者事实上就没办法在战争中施加君主的权威；这些私人常常住在统治者的管辖范围之外，因此他们不必担心充公赋税的问题。早在11世纪欧洲若干重要的城市中，商人就已经变成了地方上的统治者。诸如此类的城邦国家为最初的资本积累提供了绝佳的场所。在稍后的时间里，在较大的国家例如荷兰和英格兰中，依靠在市场上买卖获取财富的那些人证明自己能够在战争中对抗那些试图通过政治权威获取赋税的统治者。这一问题就是之后16世纪尼德兰起义和17世纪英国内战当中的一个核心问题。

促使西欧市场调控行为一直享有自主性的因素有很多，而我也无意将一切因素都归之于政治多元这一点上。不过我仍然认为欧洲的多元国家体系防止了这里的官僚权威像中国、莫卧儿以及奥斯曼的官员那样最终控制了商业财富。在这些帝制国家中，包括在西班牙，跨国贸易往往由外国人所掌控，这些外国人的势力往往不在当地赋税管辖范围之内。在帝国内部，贸易和制造业被迫停留在零售和手工业阶段，因为任何明显的集中资本的行为（土地之外）都能迅速引起收税者的注意，这使得私人控制的大规模交易几乎是不可

第二部分　从生态和历史的角度考察人类状态　... 133

能进行的。政府无论何时想要筹集资源——通常用来武装或者维持军队——都有必要诉诸强制劳役和强制征兵的手段。在市场上自由流通的商品只能维系零售粮食的供应量，以及城市人口对于其他必要物资的需求；即使是这样，这种供应也是极不稳定的。

与上面所述相反，随着欧洲市场调控行为力量的不断增强，越来越庞大的企业通过私人调集物资以及人力资源而发展起来。当然在公和私以及官僚和资本控制之间并没有简单的两分。相反，私人对于利益以及公共管理的兴趣最终被类似于荷兰东印度公司和英国东印度公司这样的庞然大物所合并，这些庞然大物最终都在海外开始践行主权。事实上，随着它们规模的不断增大，着眼于追求利益的经济组织通常都会具有官僚特点，这使它们与政府命令系统变得有些难以区分。而政府方面，欧洲的官员们发现当国家权威需要调集物资和服务时最好还是依赖市场所提供的种种便利条件。相应地，徭役以及其他不顾市场自主动机的政治方式的重要性都大大降低，虽然在实践过程中，特别是在为陆军以及海军征兵方面，政府强制行为从来都没有完全消失。

很明显，上面的这些发展所带来的一般影响就是提高了大规模调集物资和服务的效率。非常神奇的是，尽管强制行为减少了，但国家权力却增加了！更大规模、更加流动的资本使得新型技术、经济规模以及地区间专门化的发展彼此滋养加强，财富也随之增加。总而言之，在 14 世纪到 20 世纪之间，欧洲资本产生财富能力的加快成为一个自我催化、自我滋养的过程。当我们将欧洲不断增加的财富和权力对世界所产生的影响纳入考量时，能与这一过程进行类比的或许唯有核反应了。

在欧洲内部，那些给予私人资本和企业以最大发展空间的国家自身发展得最为迅速；而那些政治治理更好的社会，即一面有着良好的社会福利，另一方面将大量资源投入战争的国家，则相对落后。例如，1600 年之后，像威尼斯这样的政府尽力保护穷人免遭困苦的意大利城市，又或者像西班牙、俄国以及中欧的哈布斯堡王朝这样的军事帝国，其经济发展速度都要远逊于荷兰或者英格兰这样治理相对落后的国家。

日趋强大的中心和经济上从属的边缘地区之间的分化成了一个自我确认、自我加强的模式。中心和边缘之间商品和服务的交换使得中心地区的私人资本不断增长。这是因为越靠近边缘地区，国家的需求也就越紧急，而赋税和官方管理也就越严苛，而可用的技术则相对短缺。企业和资本向更容易赚钱的中心地区迁移也保持了中心和边缘之间的差异性。当然有些时候，私人为了赚取财富也将资源运往边缘地区去开采新的矿藏或者开创新的事业；但大部分时候，企业和资本还是会聚集在西北欧的若干个城市中心，在这些地方，市场贸易已经非常普遍，而私人财富也已经足以抵抗政府强制性的征用。

所有这些复杂的情况所导致的欧洲财富和权力的扩张在18世纪中期以后开始加强，这也就是我们习惯称为工业革命的时期。最开始利用水利后来又利用蒸汽的机器大大降低了商品的价格，这史无前例地提高了商品的供应量。这一结果到底有多惊人，可以从罗伯特·欧文（Robert Owen）《自传》中的一个评论一窥究竟。据欧文所记，1790年代一码棉布的价格是半几尼，而到了1850年代一码棉布只需要两便士，即1790年代价格的1/63。这也就解释了为什么英国制造商到19世纪早期可以在自己的地盘低价售卖熟练的印度纺织工。

通过提供比当地出产物资更加物美价廉的商品，欧洲的商人们又拥有了一种扰乱世界其他地方既有社会结构的武器。亚洲和非洲的手工业者们更加直接地受此武器折磨。但是其所带来的影响远不止于摧毁他们的财富：突然出现的物美价廉的商品，提高的运输能力，组织欧洲商人想要的原材料或其他商品的生产以换取欧洲商人制造品所带来的压力，都将世界的其余地区置于变动之中，而这种变动往往使地方统治者和旧贵族感到烦恼。

但是任何制约欧洲经济侵入的努力都没有取得长期成功。到了18世纪，欧洲国家已经能够往地球上任意遥远的地区派遣军力以保护欧洲商人在当地的利益。在19世纪，可供欧洲远征队使用的技术装备和纪律严明的战争艺术要远优于世界上其他任何地方的武器和军事组织。这一点在1840年代英国人在广东击败中国抵抗者时就变得显而易见了。从欧洲国家的财富角度出发，这一行动，即从17世纪开始投入陆军和海军的花销其实是微不足道的。这种臭名昭著的"心不在焉"伴随着欧洲帝国在19世纪后半期的扩张，直到几乎全世界都从属于西欧中心的政治和经济管理。

欧洲帝国主义的迅猛发展很大程度上受益于这样一个事实，即欧洲从工业革命中获得新力量的时期正好与亚洲可被形容的"自然的"衰落期所交叠。在16和17世纪由于大炮在全球范围内开始扩散而崛起的枪炮帝国，到18世纪晚期时正遭受着国内各种严重的沉疴顽疾。除了日本，这些帝国都是由割据一方的少数武士精英建立的，而这些精英的语言和文化对于他们的大部分臣民来说却是陌生的。随着时间流逝，这些统治阶层的凝聚力以及军事效力都大大萎缩——比起严苛的军事统治，被统治者更青睐于文明带来的甜蜜果实。统治力的衰弱和不安全感自然而然地导致了印度和中国的衰落。另外一个干扰因素就是，很大程度上由于传染病的同质化，农民数量大幅增加。这导致了亚洲帝国的一场普遍危机,因此到了19世纪中期,即使是它们之中最为强大的帝国也很难抵抗来自欧洲的入侵。因此1850年到1914年之间欧洲令人惊叹的世界霸权在某种程度上是一种错觉,这种霸权是欧洲新财富和新力量与亚洲政府及统治精英衰落这样一种巧合所导致的结果。

或许我这里应该多说一句,即使在19世纪欧洲的统治者和国家官员还没有在工业革命的影响之下吸收一切新形式的财富,使私人资本以及消费水平发展到前所未有的高度,政治管理的新思想和新原则已经极大地扩大了个体公民享有的公共权力。例如,在法国大革命之前,普通的臣民并不承担服兵役的责任。上层阶层中,只有志愿者进入陆军和海军,而补充所需的下层士兵的征兵任务,一般也限制在社会地位极为低下的阶层当中,如城市中的失业者、失地农民、商船水手等。

法国大革命改变了这一切,使义务服兵役成为享有公民权所付出的代价,至少对年轻男性来说是这样的。自由主义革命横扫了一切特权集团以及过去仅为统治阶层所享有的司法权力。通过规定法律上人人平等,所有人都获得了同等的自由,同时也平等地承担起强制性的国家义务。在最初的几十年间,扫除旧有的社会樊篱和不平等所带来的自由远比服从实行自由主义和民主原则的新中央政府所带来的要明显。工业革命以来政治所能掌控的人力和物力资源直到 20 世纪才开始变得明显起来。这是最近几十年以来世界历史开始纠正 1500 年到 1900 年之间异常倾向于欧洲的全球关系的一部分。

首先让我们看一下微观寄生方面。我们所生活的时代中，最核心的事件就是一开始发生于西方世界，继而全球范围内婴儿死亡率的急剧下降。这得益于从 1850 年代开始，但直到我们所处的时代（主要是 1945 年之后）才真正达到全球规模的一系列公共卫生措施的实行。自 1884 年首先破译霍乱传染模式以来，医学研究者已经能够破译传染病的模式，继而包括疫苗接种、巴氏消毒、洗手以及其他各种廉价且有效的打破传染链条的方式被想出来。儿童疾病在这些有效的措施面前变得不再具有威胁。婴儿不再以旧式的方式死亡，其众所周知的结果就是给人口统计学家以及生态学家带来了种种烦恼。亚洲、非洲以及拉丁美洲的人口爆炸对今天世界平衡所造成的破坏是根本性的，并且仍持续地造成影响。

不过与之对抗的力量并没有消失。当微生物受到来自医学和化学的攻击时，它们能够在其短暂的生命周期内发生迅速的基因变化，因此微生物有办法快速避开医学和化学的攻击。疟疾在一些曾经已经消失的地区再次出现或许就是自然平衡趋势在现代科学技术面前展现自身的最好例证。出现的其他一些疾病同样代替了以前致命的儿童传染病，尽管这些疾病大部分都出现在成人身上，比如说癌症。总的来说，尽管在过去几百年时间内科学医药的传播引起了疾病发生率的根本性变化，疾病仍然是影响人类生态的一个重要因素。

在宏观寄生方面，14到19世纪曾在欧洲具有绝对优势的市场调控行为也已经遇到了逐渐增强的对抗力量。这些力量部分是在统治集团内部的两个层面上产生的。或许其中最惊人的变化就是追求利益的公司开始从小规模的个体或者家族公司演变为官僚命令结构。大型商业公司并不会以任何明显的方式来响应市场的指导，尽管经理人已经习惯根据公司与其他类似公司以及政府和小规模零售商之间的交易得出的报表来衡量自己的业绩。公司内部为交易所设定的价格通常会决定它与外部进行贸易的价格。当购买方是政府（同样也是官僚体系结构），或者只有很少几家供应商（有时或许只有一家供应商）能够提供商品或服务时，这一点尤其明显。

资本主义组织内部的这种动态与另一种趋势相匹配，即战争和社会福利的双重考虑使公共干预介入市场过程。具有里程碑意义的事件就是第一次世界大战（1914—1918），在战争中人员和物资以史无前例的程度被动员起来。在这段时间内，战争和社会福利变得密切相关：当军工厂与军队本身一样对战争的胜利起着决定性作用时，为了推进部队福利而设计的行政措施就会自然而然地扩展到普通公民身上。这一点在第二次世界大战（1939—1945）当中被常态化，二战中所有的主要参战国都实行了配给供应，这一无心之举使得穷人和富人能够平等地获得稀缺物资。战争时期的国家社会主义以不同的程度被带到了和平时期（特别是1930年代的经济萧条时期），施行的程度取决于政治系统能在多大程度上动员下层民众去获取更多的经济平等。

对于市场体系的拒斥同样发生于世界上的一些边缘地区，这些地区中的人们憎恨旧时因政治或经济上的依附所导致的弱小和贫穷。里程碑的事件仍然是第一次世界大战，当时俄国革命开始以正义、平等以及更美好的自由之名去否定市场的专制。在实践当中，比起马克思主义的理想，俄国共产主义更多运用了战时动员的策略。列宁和其继任者们将这些策略带入和平年代，并将一战时期诞生的国家社会主义的官僚制度即人力动员机制常态化。

因此，似乎我们这个时代见证了市场导向行为与官僚指导行为之间的快速再平衡，如果说我们将最文明国家和人们的行为看作文明的一般规范的话，这一平衡就非常接近于这一规范。如果真是这样的话，科技以及其他方面的变化极有可能会迎来一个发展低潮，因为通常来说官僚系统拒斥任何打破常规的干扰，并且它有足够的能力使其对新发明的厌恶被实践贯彻。现在国家之间以及公司之间的竞争成为对抗官僚保守主义的力量。这样的竞争当然会一直促使竞争中的命令体系通过科技和组织的努力更新来寻求其优势地位，但限制这类更新努力的共识同样存在——无论是以不言自明的共识的形式，还是以条约（像第一和第二阶段限制战略武器条约）和卡特尔组织规范的形式。

事实上，我们很容易想见在不远的将来，既存的公共和私人官僚体系很可能会合二为一，形成一个自我持续的结构，这一结构旨在使一切保持稳定，以此来维护世界范围内管理精英所拥有的特权和权力。如果这种预见真实发生的话，市场调控行为将很快被限制在社会的间隙当中。这就会完全像公元1000年以前文明国家体系那样，当时最终在17到19世纪呈现失控性发展的近代扩张才刚刚开始。

这样一种对过去以及未来的视野并不是暗示说，长达数世纪的稳定就在我们前方。太多打破生态模式的剧烈变动已经通过人类近来偏离旧有生活模式的行为而出现，这些变动使得即使是最有管理能力的官僚系统在探索未来时都不得不面对或许常常恶化的大型危机。如果年轻的女性不愿意再像她们的妈妈那样被照顾婴儿所束缚，并认为哺育婴儿这么繁重的劳动并不值得去做的话，那么对廉价节育措施的获取就意味着最近人口增长其实是很容易出现人口崩溃的。这样的话在世界的一些地方人口生育率就会低于人口置换率，而在世界的其他地方既有的人口增长模式则会持续50到100年左右。这显然将为人口大迁徙的出现做准备，无论是战争引发的迁徙，还是以个人和家庭形式发生的迁徙。

原材料缺乏给我们后代所带来的烦恼，可能比我们已经从石油供应缺乏当中有所体会的更加严重。回顾往昔，过往两百年间的工业时代可以说是挥霍无度的数代人的杰作，他们不计后果地大量开采能源和矿藏，其对自然平衡所造成的影响可能需要数千年的时间才能恢复。

总而言之，即使近代以来作为社会和经济变化主要驱动力的市场行为会从全球社会的传动轴当中脱离，人类所面临的各种问题也不会穷尽，其在实践中需要做出的种种改变也不会减少。在复杂的生态网络当中出现的作用和反作用不会停止，而人类可能在一段时间内没有办法完全理解其影响，也无法预见其在未来可能引起的种种副作用，甚至永远没有这样的能力。

只要上面所描述的这些情形得以继续，人类的种种事务就不会取得稳定状态，尽管大部分的统治者和管理者都希望实现稳定。像其他任何生命一样，人类不可能摆脱捕食与被捕食所引起的物质和能量的流动。无论人们已经多么聪明地从这个系统中找到新的生态位，包裹整个系统的微观寄生—宏观寄生平衡将永远限制人类获取食物和能量的能力。

* * *

强调这一事实，并在地球上不稳固却又壮丽铺展的生命之网中加强我们对人类革命性历史的理解，正是这些讲座的主要目标。如果我所传达的人类境况看起来似乎暗淡、命中注定、没什么吸引力的话，我对此表示抱歉。我自己的感受恰恰相反，认识到我自己以及整个人类与其他生命形式密切相关，并且尊重这样一种方式，即通过各种社会互动、象征意涵和人类智慧使其他不怎么起眼的物种可以一次又一次地为我们以及在地球上与我们共同生活的动植物改变生存环境。

当然思想、文化和言辞的巨大力量已经被人类改变地球面貌的历史作用所证明。在为这场报告组织语言的过程当中，我也是在检验自己对语言能够改变人类思考和行为方式的信仰。毕竟我们如何理解过去在很大程度上塑造了我们今天以及将来的行为方式。如果我的这些讲座能够稍稍提高我们后见之明的准确性的话，我将会十分欣慰。更好的后见之明能够深化我们的洞察力，并使我们的预见少一些不完美。因此，这可以改善人类的境遇，当然我们都是追求这一点的。

第三部分
人类事务当中的管理和灾难

灾难毫无疑问在人类事务中扮演了重要的角色，它体现在社会关系当中，深刻地影响着经济和政治。如果我们将灾难理解为打破生活既定秩序并给许多人带来痛苦和死亡的一系列事件的话，历史的记录无非就只是一个接一个灾难的记录。

从文明出现以来，存留的并可理解的记录使我们得以了解人类所经历的过去，而灾难则是长期的并不断出现的。在某些时候，饥荒、疫病以及战争几乎影响了文明社会的每一个参与者。尽管人类现在已经掌握了众多技能，但是免于遭受任何一场或者更多灾难的人生并不多见。或许我们应该承认灾难的风险正是人类活动的阴暗底色，这正是我们试图改变自然平衡，并通过集体努力以及使用工具改变地球表面所付出的代价。

一个简单明了的水利工程例子就可以清楚说明这种情况。在我有生之年，美国陆军工程兵团开始通过在下游建立堤坝体系来控制密西西比河的洪水泛滥。这一举措意想不到地导致了泥沙聚集沉淀于堤坝之间的河流底部。结果河流水位年年增长，堤坝高度也被迫一次又一次地随之提高。这种系统之下，磅礴的密西西比河最终会越过堤坝对周边地区带来更大的破坏。与之相比，在我孩提时期，尚没有这些堤坝工程，河水可以在每个春季自由地泛滥，泥沙则在其洪漫滩区域广泛沉积。中国的工程师们自公元前600年就开始通过修筑堤坝控制黄河泛滥，由此中国的历史上有很多次诸如此类灾难的记载。而现代科技用于搬运泥土的种种资源，显然难以抵消被人工提高的河流给其周边洪漫滩区所带来的不断上升的不稳定性。

这个例子以及其他难以计数的众多例子所体现出来的人类的智慧和独创性，与打破人类希望和目标的令人不快的种种事件进行着赛跑；现在还远看不出哪一方会胜出。人类智慧和灾难双双进入一个由无限排列组合形成的世界，这导致了永无止境的挑战与应战。随着技能和知识的不断增长，人类历史在重复出现的胜利与灾难之间最终形成了无与伦比的动态平衡。

这一模式在经济领域颇为明显。最开始人类的进步主要体现在技术方面。由于技术进步需要千万人齐心协力，因此合作必须通过对统治者命令的服从才能实现，这一过程往往需要有武力威胁作为后盾。在早期的命令经济之中灾难自有其位置，这表现为应对战争和大型工程所集合的部队总是易受流行病的攻击。与此同时，农业常常出现歉收并引起饥荒。文明社会学会通过家庭系统来应对这些灾难，这些家庭体系被鼓励用高出生率来弥补人口的损失。

在文明史的前四千年，尽管个人动机也十分重要，但仍处于边缘位置。商人和探险家们越过政治的边界传播技能、思想和商品，这些行为导致了文明零星的扩散传播。不过数千年来，为遥远的市场进行生产，或者依赖于远方的物资，对于普通人生活的维持来说都是十分冒险的。奢侈品以及少量的重要战略性物资，主要是铜和锡，确实进行着远距离的货运，但这些少量的物资就是远距离贸易的全部。

在公元1000年左右，运输的改善从根本上改变了这种情况。日常消费品以史无前例的规模进入了远距离贸易网络之中，例如羊毛、棉花、盐、木材、鱼、粮食等，大量人口开始依赖于远方运送而来的食物和其他商品。因此在人口日益密集的欧亚大陆上，市场开始逐渐补充并最终替代由统治者对日常生活进行管理的政治命令模式。这种发展（这是一个巨大的进步，使得能够通过专门化生产创造出大量新财富）带来了一种全新的灾难，即不定期出现的经济危机。

长距离贸易依赖的信用系统的周期性崩溃早在14世纪就开始出现，并一直延续到了我们的时代。自14世纪以来经济活动已经在众多方面发生了巨大变化，但是每4至5年交替出现的繁荣与萧条贯穿始终。这种模式使极少部分的人获利，同时对大部分人的生活造成伤害，他们的谋生之道暂时因经济萧条而崩溃。

19世纪晚期和20世纪的经济学家们致力于研究这种模式为何以及如何持续至今。自1950年以来，多亏了理论经济学家平衡我们今天称之为"经典信用危机"（old-fashioned credit crises）的种种举措，才缓和了其带来的巨大影响。经济学家在今天社会中所享有的声誉建立在之前所达到的成就之上，不过他们进行的种种预测之中的所存在的瑕疵近来愈发地明显，甚至使得之前人们所接受的那一套经济理论都陷入了质疑。

除了4到5年的商业周期，问题的起因是行为的长期变化导致了市场上规模更大、表现愈加顽强的经济繁荣与萧条周期。近期的例子有1873年经济危机以及延续至1890年代的经济困难时期，还有1929年之后持续数十年的经济萧条。

每一次经济繁荣之后出现的艰难时期都使之前熟悉的短期危机所造成的影响变得不再那么严重。20世纪前三十年出现的财富激增很有可能是 1873 年经济危机之后出现的管理和控制新形式所带来的。阿尔弗雷德·钱德勒（Alfred Chandler）的书《看得见的手》（The Visible Hand）以惊人的准确性和洞察力解释了到底发生了什么。简单来说，少数具有野心的行业领袖建立了能够迅速控制生产和销售的大企业，这些企业涉及钢铁、化学、缝纫机以及汽车等。它们充分发挥最新机器带来的规模经济的优势，实现了包括原材料、燃料、劳动力以及其他各个生产部件在内的流水线作业。这种纵向一体化管理使得单一的管理者就可以决定需要多少原材料以及能够为销售提供多少终端产品。如果需要的话，他会通过减少产量以维持价格，或者通过增加产量和降低价格来增加销售。

当少数几家大企业能够控制它们的市场时，规模经济就可以极大降低生产成本，降低的成本至少部分地被转嫁给了消费者。尽管公司利润和日常生活水平总是一起提高，但是主要的优势仍然掌握在公司管理者手中。由于公司管理者能够控制生产量以及出售价格，因此大的公司得以缓和短期经济危机的冲击。只要外部的购买者一直大量存在并且没有有组织地联合起来，大公司的管理者们就能够以史无前例的精确度根据现实情况来制定自己的生产计划。商业的兴衰周期并没有消失，但是它现在只对小型生产者以及在不好的年景中失去工作的雇佣者们是灾难性的打击。而管理良好的大企业则通过技术和金融方面的运筹来预见进而提防商业周期起伏变化所带来的短暂不便。

因此，只要大部分人口进行农耕生产并在信贷崩溃时能够维持基本的生存，那么对大规模工业生产的企业管理就能够避免企业自身在商业周期中大部分的消耗，同时能够通过降低既有产品的价格以及创造出新的消费产品来造福普通民众。这一成就在大约1880年代到1930年代之间深刻地改变了工业社会。

不过企业对于生产和销售的管理也有其局限性。如果一个大企业向一个政府或者向另一个同样管理卓越的企业售卖产品，那么其很难按自己意愿进行定价。当一个企业的大部分产品都卖给其他的大企业或者政府时，企业管理者的控制能力则大大削弱，因为这样类型的购买方有足够能力进行讨价还价并在运送和支付手段上附加其他条件。随着商业世界中越来越多企业的出现，类似的交易成倍增长，相应来说单个企业的自主性则大大降低。要想自由发展并准确实行其管理者的计划，企业需要在由无组织的买家和卖家组成的社会环境中进行交易。但是得益于早期惊人成功而大量出现的企业商业组织开始稀释这一无序的环境，企业的管理者们开始面临新的棘手问题。市场所存在的危险此时又悄悄回到了由经理人们组成的会议室中。

其结果就是1930年代的经济崩溃和持久萧条。当农业、家庭和小企业都难以应对经济危机带来的巨大冲击时，裁员、削减产量以及保持价格稳定（或几乎稳定）就不再能够像之前那样很好地应对危机了。企业政策反而加剧了萧条，这是因为失业者购买力下降，这意味着更少的销量，相应加剧的失业率，以及进一步萎缩的购买力。一般的企业在艰难时期得以生存的策略此时形成了一个无解的恶性循环。在当时，即使最大的、管理最好的企业也开始感到苦恼。管理者们没有预料到或者没有准备好应对漫长的萧条，他们用来应对短期经济危机的手段此时反而加剧了经济的崩溃。

这一市场灾难比以往任何时候都更剧烈，规模更大，甚至威胁到了最大的企业；整整十年间，尽管一些新政政策减少了人类在萧条之中付出的代价，但美国没有人知道该如何应对这种情况。只有在德国出现的那个残忍的新生政权证明自己有能力解决失业问题，但是纳粹政权在1930年代取得的经济成就很快就引起了1940年代新一轮影响更大的政治灾难。

尽管如此，二战期间全国范围内的经济调控为战后经济的迅速恢复提供了基础，随之而来的经济繁荣一直持续到了1970年代。新的概念——例如国民生产总值（GNP）以及新的数据测量办法使得原来管理大企业的那些方法被用来直接指导整个国家的经济发展。在战争时期，新的管理者，即往往从私人公司挖来的政府官员，就像之前管理一家公司那样管理着国家和一切生产资料，只不过对劳动力和原材料的管理需要适应更大的生产规模；与此同时，他们较之前拥有控制更多资金和资本的优势。

无论是在同盟国一方还是在轴心国一方，因为其经济和战略部署常常超越民族国家的边境，所以像公司一样运行的国家并不完全是独立具有主权的。跨国政策的实行并不牢靠，特别是在轴心国之间，战争结束后最初因战争动员而兴起的宏观经济观念和统计数据被管理者继续在一国范围内使用。苏联在这方面既早熟又落后。苏联计划经济在1928年就已经开始，但是苏联的经济管理者比西方国家的管理人员更为依赖于强制命令。另一头的西欧，跨国一体化不仅得以存续，还比其他任何地方都要走得远；尽管欧洲经济共同体成员国之间能够进行广泛的协商，但各成员国对于统一政策仍然具有否决权，并且继续享有独立的控制权力。

1930年代的大萧条以及第二次世界大战中兴起的国家范围内的经济管理十分像1873年经济崩溃及之后萧条的十年中兴起的企业管理的扩大版。而新的经济管理方式在规避市场中种种危机时所暴露出来的局限性也与之前十分类似。我们已经看到1950年之后西方国家以及日本所取得的巨大经济成就是在这样一种环境中实现的，这一环境中存在着一个管理较为松散的第三世界。这一特定环境对于先进工业国中生活水平和国民生产总值的提高到底有多大的作用，仍然是一个具有争议性的问题。尽管凯恩斯和凯恩斯之后的经济学家想出了种种构思巧妙的对抗手段，但难以否定的是，第三世界中原材料的供应者以及供应移民劳动力的贫穷农业国在仍然存在的商业周期的波动之中付出了极高的代价。那些调控良好的工业国家就像是20世纪早期那些繁荣的大企业一样，通过其管理者的政策将自身隔离于商业周期带来的干扰之外。这些灾难所带来的冲击被转嫁给了他人。

这是否会引起其他普遍性的经济危机尚不清楚。但由于世界经济仍然在很大程度上处于混乱之中，因此这种假设还是极有可能的。即使那些穷国家有意愿偿还，第三世界的债务很大一部分还是难以还清。像波兰、墨西哥和巴西等国所面对的经济困难更加严重，因为它们的债务更加庞大。而美国的债务，无论是政府抑或是私人的，都关系重大，并往往用来悄悄削减债务引发的通货膨胀。

大规模拒付债务给世界金融系统带来的影响尚未可知。但是只要贫穷的、管理较为落后的国家贸易方继续为获得更多贷款而接受对方所开出的贸易价格和贸易条款，战后经济运行良好的国家就处在失去其安全阀的巨大危险之中，因为贷款变得不再可靠。1929

年利用新兴的分期付款方式购买汽车以及其他商品的个体，其所处情境和今天世界上的穷国一模一样。但由于债务国的数量远不及债务个体庞大，因此这种类比也不宜走得太远。

我想要提醒的是，过去一个世纪中对这类市场灾难的两次成功应对，将市场失灵带来的负担转嫁给了经济交易体系中组织较差的参与者，这使得危机不可能再简单地以旧有方式出现。当弱势一方不再能够承受负担，市场灾难就可能进而吞噬那些管理更好、规模更大的参与一方，并为整个体系带来新的更令人烦恼的危机。

那么我们是否应该将经济危机作为人类事务中的一个现实加以接受呢？这种假设我认为值得去探究一下。只要当市场体系崩溃时，体系中的大部分参与方能够再次依赖当地农业的供给，那么周期性危机就不会威胁整个经济体系。但是当大多数人切断了与农业供给之间的联系，那么商业的周期性危机就会在更大程度上影响人类生活，而新的组织形式就需要被发展出来以减小这种威胁。首先是发展社会救济，然后就是在各个行业内发展出对经济有更大控制能力的大企业。但现在看来，生产和分配领域内新的组织形式的发展将势必遇到阻力，并触发新的危机形式。

没有人可以判定新出现的市场危机和小规模参与者占主导地位的早些时期的危机在次数和程度上是否一致。较少的经济崩溃次数、持续时间长以及更难从危机中恢复叠加起来，可能会导致同样规模的人类苦难和混乱。但另一方面，它们带来的影响也可能不止于此。将不同时期以及不同地域的生活水平进行比较是十分困难的。因此，或许我们应该把即使人类发挥所有理性和先见之明，灾难也会持久出现这一事实作为对难以控制的人类行为的一个警告。

* * *

理性控制的不应性不仅限于经济领域。政治领域灾难的恒常或许比经济领域表现得更为明显，因为那些能够在国内进行更好管理的政府，就越能在国内维持和平，也就越有能力在国外发动战争。即使和平时期战争的爆发频率已经大大降低，但是一旦发生，其规模则必然加剧。

但是在充斥着政治纷乱的历史记录中，我们却能够发现与以上观察相悖的一个明显规律：庞大帝国的统治者乐于用较少的武力来捍卫其广袤的边疆，同时更偏爱用笼络的手段来对付他的那些邻国蛮族。这一类汤因比所说的"大一统国家"（Universal States）常常通过战争崛起，又在某个时刻因战争而消亡。但在若干世纪中，这一类国家却能够使大片领土免于暴力影响，并将政治灾难限制在相对较小的区域内。

对于欧洲传统的继承人来说，罗马帝国无疑是这一类大一统国家的典型。不过罗马在古代地中海世界的兴起可以在古代美索不达米亚、印度、中国，以及包括秘鲁和墨西哥在内的美洲印第安人历史当中发现相似的类型。这一类政治模式的突出特性和规律性使得汤因比将其作为解释所有历史的一个关键：世界不同地区和不同时期的文明体，其战争和其他政治斗争的形式在来自文明体之外的影响下发生了根本性变化，这种变化成为此文明体难以承受之负担。伊斯兰世界的崛起就是这种转变性力量的最突出的例证之一，而西班牙在16世纪早期对新世界的征服则是另一个最具有代表性的例子。

近来世界历史的许多观察者已经在思考，是否向帝国霸权迈进的国家只是在重复自己国家崛起的模式，只不过这一次是在全球规模下进行的。例如在约1500年以来的欧洲，军事和政治史都可以被看作谋求帝国霸权的种种努力。这些努力都失败了，有时仅取得了有限的成果，但是这种倾向仍是国家体系中的竞争所固有的。

世界性的帝国很难出现，这样的帝国将不得不在世界范围内对经济和军事事务进行管理。同时很难预见有能力解决类似于世界性帝国所面临难题的新的组织如何被创造出来，即一方面需要越来越庞大的国家,另一方面则需要越来越庞大的经济管理单位,来应对反复出现的各种灾难。不过未来总是很模糊的,且总会发生让人无法预想的变化,有可能是灾难也可能是别的,这些变化可能会彻底从政治上、经济上、流行病学上、环境上甚至是心理上改变人类事务。尽管我选择从经济和政治这一有限的视角来考察人类智慧和灾难之间的角力,但我毋需提醒你,经济和政治并不是构成人类活动的全部。

* * *

让我们简单回顾一下人类在改变自身生活、环境和抑制灾难方面的能力,以及这种能力的有限之处。从我的观察来说,那些通过管理、预见以及深思熟虑的能力,自身能够极力避免灾难的人类群体,通常在与管理能力较差的群体发生摩擦时更容易引发灾难。而且假设一个世界中的所有人类都以某种方式被组织起来,因而可以避免战争和经济危机,这种情况下很有可能的是,这一新的人类组织和地球上整个生态系统之间的摩擦会引发其他类型的灾难,其烈度可能比以往灾难更巨。

人类事务似乎是沿着精心构筑的层级平衡结构演进的。我们终究只是物理以及化学世界中的一个部分；原子和分子在我们的星球上构筑了一个十分稳定的平衡结构，至少眼下是这样的。熵定律告诉我们这样的平衡不会永远持续下去，不过在人类以及地球的时间范围内，我们还是可以将这种平衡看作是稳定的。更为不稳定的则是生态环境，以及人类与其所处社会环境之间我所称作的"符号学平衡"（semiotic equilibria）的状态，正是在这个层级中公共事务广泛发生并发挥着作用。

生态平衡是由生物之间物质和能量流动所导出的平衡状态。食物链，即各种生物互为食物的链条，正是生态平衡的核心特征。植物在其中所扮演的角色即是利用阳光的能量合成有机物质，以此将生态平衡建立在稳定的化学和物理组织结构之上。我认为动物身体的化学物质也处在这一结构的下层位置。这一生态平衡所构筑的金字塔的最上端就是十分脆弱的符号学平衡。这一平衡由各种象征讯息流构成，人类依靠这些讯息管理他们的日常事务和集体行为。

生态平衡结构中各个层级之间的互动至今还鲜为人理解。在生物化学领域取得的最新进展没有解决脱氧核糖核酸分子是如何繁殖各种形式的生命——一方面可以保持在化学和物理的极限之内，另一方面可以获得一种非凡的能力以改变化学和物理定律在地球上所呈现的方式。

在层级平衡机构的上层,同样有很多谜团。在人类之间经由各种符号、象征和信息传播的思想,通过组织和指导人类行为介入无数的自然过程,从而毫无疑问影响着我们周遭的生态平衡。外部的现实世界也影响着人类的思想,即便人类的符号学平衡有自己的一套动态机制,使其仅与更低的平衡体系保持松散的联系。

尽管我们的符号学系统与物质世界保持着较为松散的联系,不过人类确实取得了非凡的成就。我们已经极大地改造了自然景观,在不毛之地上开垦出了耕地,从他者中分离出了我们,并分离出了我们所能控制和预测的部分。当然灾难会一直潜伏在那些我们还尚未控制和预测的世界当中。事实上,有序的活动越是完美无瑕,它就越可能对既有的平衡造成冲击,并产生极大的脆弱性。这一点至少是对我们为控制自身以及控制我们所处世界做出的种种努力的一个较为合理的总结。

由当今科学技术所装备的现代社会无疑是非常强大的,没有人会对此做出质疑,但是现代社会同样非常脆弱。我们对于生产与消费链条的依赖形成了难以计数的瓶颈,任何障碍一旦延续下去就会导致严重的结果。试想一下如果农民的拖拉机不能获得石油或者柴油燃料,进而导致农民难以在下一个春天耕种,会产生何种结果;试想一下如果将一座现代城市的电源切断几天会发生什么;或者更贴近我们生活的一种假设，如果将电脑储存的数据清除将会对我们的银行、国内税收服务以及我们的社会造成何种影响。

似乎人类活动的协调性每精进一步，生产的效率每提高一步，都伴随着在危机面前表现得更加脆弱。如果情况真是这样的话，那么灾难的恒常性将会像能量守恒定律一样成为一项自然法则。

我想原子弹大爆炸应该就是终极的、现在也是完全可能发生的人类灾难了，尽管其充其量也只不过相当于宇宙大爆炸的一个微小回声。不过，我并不是说听起来像是宇宙喜剧一般的巨大人类悲剧会是历史命定的结局，相反，出于感性而非理性的原因，我倾向于忽视这一类末世论的观点。作为一名常常沉浸于过往的历史学家，我必须提醒大家在思考未来的时候应当牢记人类的智慧已经无数次解决问题，尽管同时也会产生新的问题，但是人类最终还是生存了下来，并以超越以往任何生物的速度和力度改变着地球的面貌。拥有这样的历史记录，我们不应该感到绝望，相反应该庆幸在从我们所处世界中获取能量，将获取的能量用以实现我们的目标和愿望，以及在增加灾难风险的同时取得每一次的新成功方面，人类能做的是如此之多。

索 引

（以下页码为原书页码，即本书边码）

Achaemenids, 88
Africa, 6, 7, 34, 77; Belgian Congo, 51; diseases, 19, 116; hunters and gatherers in, 14, 76; microparasites and, 76–77, 84; Portuguese voyages around, 113; slave trade, 19, 21, 36–37, 49, 53
agriculture, 13–16, 19, 34–35, 37–39, 81, 139; in Africa, 19, 35, 37; in China, 34, 38, 108; coolie labor and, 52; grain surplus, 82; microparasitism and, 78–79; origin of, 78, 80; slash and burn cultivation, 81, 152; subsistence, 143
Ainu peoples, 152
alcoholism, 153
Alexander the Great, of Macedon, 103
American continent, 77–78; discovery of, 113; food crops from, 34–35, 115; gold and silver from, 113. *See also* North America; South America
Amerindians, 18, 21, 36, 37, 48, 100, 145
anal-oral path of infection, 79, 84
animals: domestication of, 78; large, disappearance of, in Pleistocene, 77–78; pack trains, 93; viral infections transmitted by, 84

Antonine plagues, 94
Arabia, 103, 105
Argentina, 46, 56, 58
assembly-line, 138
Atlantic Ocean, 110–11
Australia, 7, 8, 18, 20, 41, 42, 52, 53, 117; convict labor, 42, 43, 50–51; frontier, 14, 29, 43 autochthonous traditions, 151
Aztecs, 18, 88, 100

Baltic Sea, 110
Baluchistan, 103
barter, 23, 26
big bang (astronomy), 148
birth control, 40, 129
Black Death. *See* bubonic plague
Black Sea, 110, 112
Boers, 29, 42, 43, 156
Braudel, Fernand, 71
Brazil, 20, 26, 30, 43, 46, 47, 57, 142; *bandierantes*, 26, 44, 156; slave trade, 43, 49
bubonic plague, 16, 24, 39, 112, 152
Buddhism, 96, 98, 106
bureaucracy, 100–101, 121, 126–27; definition, 88; military, 100; public and private competition, 128; in trade, 101. *See also* imperial command system

Canada, 8, 17, 19, 20, 27, 46, 48, 53, 56, 57, 58

cancer, 126
cannon, 116
Cape of Good Hope, 113
capitalism. *See* private enterprise
caravans, 92, 94, 101, 103, 104, 108; grain transport, 105
carbohydrates in diet, 104, 105
Caribbean, 21
catastrophe, xiv, 81, 82; atomic annihilation, 148; conservation of, 143–44, 148; control of, 135–39; and intelligence, 136, 146, 148–49; market, 140, 143; paradox of, 146–49
cavalry, 89, 116
centralization, in democratic government, 125. *See also* bureaucracy; imperial command system
Chandler, Alfred, 136
Charles V, Emperor, 117
cheap goods, 122–23
Childe, V. Gordon, 70
children, mortality of, 87. *See also* disease; infant mortality
China, 14–16, 34, 36, 38, 111; British expansion in, 123; bureaucratic control of trade and economic growth, 120; Ching dynasty, 117; coolie system, 51, 52–53; epidemic disease effects, 90–91, 94; flood control, 135; governmental weakness, 124; Grand Canal, 107; Han dynasty, 91, 94, 100; imperialist expansion, 152; importation of rice, 108; market-directed economy, 106–7; Ming dynasty, 117; money, 107; Mongol conquest of, 111; population and food production, 115; prohibition of sea voyaging, 111, 112–13; Russian empire and, 111, 116; sea trade, 92, 103–4; Sung dynasty, 106–7, 109, 119; tax farming, 109
Ching dynasty, 117
cholera, 125
Christian era, trade during, 93, 111
Christianity, 95–96, 98
cities: elites in, 82; European, wealth concentrated in, 122
civilization: food producers and parasites in, 82; occupational differentiation in, 82, 83; origin of, 81–82. *See also* urban transmutation
climate, effect on agricultural development, 91–92, 109
clothing, origin of, 77
Columbus, Christopher, 17, 23, 113
command systems. *See* democratic command systems; imperial command system; private enterprise: command system and; rulers
Commercial Revolution (sixteenth century), 113
commercial transmutation, 93–99, 100–131; analogy to urban transmutation, 93–94; definition, 101; initial stages, 94
communication, xii, 13, 48, 60;

improvements in, 102; organization of, 92
communism, Russian, 128
competition, 128
compulsory labor. See indentured labor
Confucianism, 96, 98, 107
consciousness, historical, x–xi
conservation of catastrophe, 143–44, 148
Constantinople, 111
consumer goods, 139
coolies, 51–53, 54
corporations: autonomy of, 139; domination of economy, 126–27, 138–39, 141; evolution of, 126; government, as customer of, 139; management, scale of, since 1940s, 141; policies and economic crises, 140, 143
corvée, 120, 121
Cossacks, 27, 28, 156
credit system, 137, 139; collapse of, 139, 143

Dark Ages. See Medieval Age
debt: Third World, 142, 143; United States, 142; for war financing, 119–20
democratic command systems, 125
demography, xiii, 20, 24, 33–37, 42, 115, 155
depopulation, 16, 18–19, 20–21, 36, 37, 62, 129. See also population density; population expansion; population stability

depression (economic). See economics
disasters. See catastrophe
disease, 16, 18–19, 21, 24, 35, 39, 42, 52, 72, 96; childhood disease patterns, 88, 126; endemic, 87, 88, 91, 115; infectious, 77, 84, 112. See also bubonic plague; epidemics; measles; whooping cough
DNA molecules, 147
drainage, 92
Dutch. See Holland

East India Companies, Dutch and British, 121
eastward movement, 16, 29
ecology, equilibrium of, 126, 147
economic recovery, postwar, 140
economics, 141, 145; boom and bust cycles, 109, 127, 137, 138, 140; Keynesian, 142; nationwide management of, 140–41; potentialities of production, 99; public response to crises, 143; role of catastrophe, 135, 136; transnational planning, 141. See also market allocation of resources; market-regulated behavior
Egypt, and trade with India, 92, 103
empires, emergence of. See imperialism
endemic diseases. See disease: endemic
England. See Great Britain
entropy, law of, 146

索　引　... 165

epidemics, 135, 136; of childhood diseases, 74, 115; commercial transmutation and, 94; in Europe between eleventh and eighteenth centuries, 115; obstacle to agricultural development, 92; sporadic, 87, 90–91; vulnerability to, among isolated peoples, xiii, 85, 94, 112, 115–16. *See also* bubonic plague; disease; measles; smallpox; whooping cough

equilibrium: ecological, xiv, 126, 146, 147; hierarchy of, 62, 146–47; macroparasitic-microparasitic balances, 71–72, 74, 75, 86–87, 91, 126, 130; and maintenance of armed establishment, 90; between market- and bureaucratically directed behavior, 128; semiotic, 146, 147; between taxation and wealth, 119

Europe: class structure, 7; dominance of trade and wealth, 6, 71, 113–14, 117, 119; economic expansion after the eighteenth century, 115–17; intellectual development, 114; market-regulated behavior, 111; military superiority, 118, 123; political fragmentation, 117, 118; threat of Mongol invasion, 152; voyages of discovery, 16–17

European Economic Community, 141

evolution, organic, 88

exploitation, protection from, 73–74, 75

faeces, 79
famine, xiii, 38, 135, 136
farming. *See* agriculture
feudal system, 89
floods: control of, 135, 136; flood-plain, 83
food chain, 76, 146
food production, 70, 80, 108; population growth and, 80
fortifications, 118
France, 20, 35, 40, 49
French Revolution, 125
frontier equality, 22, 25–30, 44
frontiersmen, 26, 29, 30, 33, 44, 60
fuel, 138
fungi, plant parasites, 79
fur trade, 17, 19, 26, 29, 30

Geertz, Clifford, 39
Genghis Khan, 105, 106
George III, King of England, 71
Germany, control of unemployment, 140
Gibraltar, straits of, 111
gifts, 97–98
Gilgamesh, story of, 85
GNP. *See* gross national product
grain, 101, 104
Great Britain, 35, 36, 39, 40, 49, 57; civil war, 120; trade expansion overseas, 17, 20, 21, 36, 123
Great Frontier, 6, 10, 11, 62
gross national product (GNP), 140, 142

gunmetal, 112, 118
gunpowder, 116–17
gunpowder empires, 117, 118, 124

Haiti, 48, 49
Han dynasty, 88, 91, 94, 100
Hapsburg empires, 122
Hartz, Louis, 7–9
hegemony. *See* imperialism
Hellenistic period, 103
Hideyoshi, 117
Hinduism, 95
historical relationships: commercial transmutation of, 93; processes and purposes in, vii–viii, xii
history, periods of, 69
Holland: revolt, sixteenth-century, 120; trade empire, 121, 122
horses, use of, 89, 116
Hottentots, 42
Hungary, 47
hunting and gathering, 70, 76, 78, 80

ideas: ability to alter material processes, 130–31; development and circulation of, 96, 114, 147
immunity, 84, 85, 114
imperial command system, 88–91, 97, 103; China, 109–10, 112–13; in marketing and trade, 101–2, 103, 106
imperial hegemony. *See* imperialism

imperialism, 89, 144, 145; European, 123–24
Incas, 18, 88, 100
indentured labor, 21–25, 27, 42, 43, 50–53, 54, 56, 59, 157
India, 34, 37, 39, 51–52, 124; exported indentured labor, 52, 157; Mughal empire, 117; obstacles to agricultural settlement, 91; sea route to, 92, 103, 113
Indian Ocean, 103, 108, 112–13
Indonesia, Chinese trade with, 108
Industrial Revolution, 40, 71, 122, 124, 125
infant mortality, 35–36; reduction of, 125, 126
infections: anal-oral path of, 79, 84; transfer from animals to humans, 84. *See also* disease; epidemics; viral infections
ingenuity, human, 148–49
insects: human parasites, 84; plant parasites, 79
intelligence, human, 130; and catastrophe, 136, 146, 148–49
inventions, 80; in transportation, 83
Iran, 104
Iraq, 109
Ireland, 38, 57
irrigation: economic effects of, 80–81, 82, 85, 110; invention of, 80; microparasitism and, 83

索 引 ... 167

Islam, 98, 106; commercial development, 106, 110; Italian rivalry for trade, 111; Ottoman empire, 117; religious wars, 96; rise of, 145; slave trade, 152–53. *See also* Moslems
Italy, 57; trade, 110, 111–12

Jamaica, 27
Japan, 39, 66, 152; Chinese trade with, 108; consolidation of empire, 117; economic success, post–World War II, 142; European trade with, 113; gunpowder empire, 124; Tokugawa shoguns, 117
Java, 38, 152
Judaism, 95

Kaffirs, 29, 42, 43
Korea, Chinese trade with, 108
Kushan empire, 100

landlords, 102
language, acquisition of, 76
Latin America, 7, 21, 37, 47, 48, 50. *See also* South America
Lattimore, Owen, 151
Lenin, Nikolai, 128
levees, undesired effects of, 135
loans. *See* debt

macroeconomics, 141
macroparasitism: in agriculture, 81; among human beings, 72–73, 86, 94, 116; in commercial transmutation, 93, 114, 126; definition of, 72; in exploitative relations, 73, 76, 83; macroparasitic-microparasitic balances, 71–72, 74, 75, 86–87, 91, 126, 130; urban transmutation and, 81, 85; of warrior class, 90, 116. *See also* microparasitism
Magellan, Ferdinand, 17
malaria, 92, 126, 159
Manichaeism, 95
manufacture, 30, 39
Marco Polo, 98, 110, 112
market allocation of resources, 23–25, 50, 57–60, 72, 99, 137
market catastrophe. *See* catastrophe: market
market exposure, resemblance to disease exposure, 158
market-regulated behavior, 75, 99, 101–2, 103, 113, 128–29, 137; in China, 106–7, 109–10; in commercial transmutation, 113, 128; in Europe, 113, 119, 121; resistance to, by subjugated peoples, 127–28. *See also* economics
Marx, Karl, 70
Marxism, 8, 9, 71, 128
Mauryan empire, 88, 100
measles, 84, 94
Mecca, 98
Medieval Age, 71, 94, 106
Mediterranean region, 145; trade, 71, 103, 110
Mennonites, 45, 46
merchants, 97–99; distrust of, 97, 98; landlords and, 102;

rulers and, 97; values and ideas, 106
Mesopotamian civilization, 85, 100, 104
metis, 44
Mexico, 27, 36, 42, 50, 100, 142, 145
microparasitism: in agriculture, 80; in commercial transmutation, 125, 126, 130; definition of, 72; European trade and, 114–15; infant mortality reduced, 125, 126; macroparasitic-microparasitic balances, 71–72, 74, 75, 76, 86–87, 91, 126, 130; in prehistory, 77; in urban transmutation, 83–88, 90–91. *See also* macroparasitism
Middle Ages. *See* Medieval Age
Middle East, 34; commercial development, 109–10; early agriculture in, 80; early civilization in, 86
migration, 20, 21, 24, 31, 39, 52, 53–56, 61, 75, 99, 129, 142, 153–54
military: conscription, 121, 125; protection costs, 13, 28, 29, 89; standing armed forces, 123
minerals, shortage of, 129
Ming dynasty, 117
mining, 20, 23, 44, 51, 56, 58, 117
Mississippi River, 135
modern age, 71, 99; date of onset, 108

Mohammed, 98, 105. *See also* Islam; Moslems
money, 106; gold, 103; paper currency, 107–9
Mongol Empire, 106, 109, 111, 152; collapse of, 112; Mongol peoples, 105
Mormons, 44–45, 70, 156
Moslems, 12, 19, 60, 96
Mughal Empire, 117, 120
Muscovy, 117, 122
mutations of microorganisms, 126
myxomyatosis of rabbits, 159

Napoleonic Wars, 40
navigation and sea trade development, 110
Nazis, 140
Near East. *See* Middle East
New Deal, 140
New Zealand, 20, 57, 58
nomads, 13, 14, 16, 28, 104–5, 111; bubonic plague among, 112; commercial transmutation and, 105; invasions, 89, 105–6; as traders, 104. *See also* steppe cultures
North America, 6, 7, 14, 15, 17, 19, 20, 21, 22, 29, 37, 41, 44; effects of epidemic exposure, 116. *See also* United States

occupational specialization, 82, 83, 85
Old Believers, 45, 46
Ottoman Empire, 117, 120
Owen, Robert, 123

索　引　... 169

parasites, 75, 79, 82, 92. *See also* macroparasitism; microparasitism
Parthian Empire, 100
Paulistas, 43–44
peasants, 83, 124, 125; in commercial transmutation, 102; distrust of merchants, 98
peons, 25, 27, 50
Persian Empire, 103
Peru, 15, 36, 53, 100, 145
Philip II, King of Spain, 117
pirates, 106
plague. *See* bubonic plague
Plagues and Peoples (McNeill), 85, 112
plants: in early agriculture, 78; parasites on, 79
Pleistocene epoch, 77, 159
plowing, 80, 81, 85, 91
plunder. *See* raiding and plundering
Poland, 142
politics, 145; role of catastrophe in, 135
Polo, Marco. *See* Marco Polo
population density, and viral diseases, 86
population expansion, 33, 34, 35, 36, 37, 42; disease control and, 77, 124, 126; food production and, 80, 115; prehistoric, 77
population stability: microparasitism and, 80; prediction of, 129
Portugal, overseas empire, 113, 117
potato, xiii, 38, 115, 154

power, political and military, dependence on merchant class, 97
prehistory: agriculture in, 78, 80; hunting and gathering culture in, 70, 76, 78, 80; microparasites in, 77; neolithic peoples, 14, 84; periods of, 69–70, 71; population expansion in, 77
price system, 97, 102; price fixing, 101, 127
private enterprise, 121, 124, 136; capital, flight of, 119, 122; command system and, 101, 119; corporations, 126, 138–43
protein: in diet, 104, 105; protein-carbohydrate exchange, 105
Prussia, 50
public health measures, 125–26
Puritans, 44, 45

rabbits, myxomyatosis of, 159
race mixture, 36, 48
raiding and plundering, 75, 85–86, 90, 99, 103, 104, 105–6
Ranke, Leopold von, ix, 70
rationing, 127
raw materials, 138; shortage of, 129; Third World suppliers of, 142
religions, 90, 95–96; in irrigation societies, 82; mass cults, 46; wars and, 96
rent collection, 73, 82, 88, 102; setting of customary rates, 93

rice, early ripening, importation to China, 108
rice-paddy fields, 15, 152
rodents, 152
Roman Empire, 70, 94, 100, 144–45; disintegration of, 94; epidemic disease effects, 94, 103; imperial command structure in, 89, 91
rulers: accommodation between ruled and, 88; merchants and, 93, 97, 119; warrior class, 86. *See also* imperial command system
Rumania, 16, 38, 47, 50
Russia, 19, 20, 28, 36, 58–59, 141; and China, 111, 116; communism, 128; cossacks and peasants, 25, 28; dissident religions in, 45–46; grain, 17, 19, 34; northern expansion of frontier, 16–17, 152; part of Mongol Empire, 111; serfdom, 25, 27, 28, 47, 50
Russian Revolution, 59, 128

salt manufacture and distribution, 109
Sargon I of Akkad, 88
schistosomiasis, 83
sectarian frontier communities, 44–46
self-interest, concept of, 99
serfs, serfdom, 22, 23, 25, 26, 28, 47; abolition of, 50, 58
sewage, 83
shipping, 17, 19, 22–23, 92, 93, 103

ships, 92, 94, 101, 108, 113, 154
Siberia, 17, 19, 26, 54, 55, 59, 117
Silk Road, 103, 111
Sinkiang, 104
slash and burn agriculture. *See* agriculture: slash and burn cultivation
slavery, 11, 22, 23, 25, 26, 47, 54; abolition of, 49–50, 51, 57, 58, 157; Brazil, 43, 49; British Empire, 51; slave trade, 19, 21, 49, 53, 152–53; in United States frontier, 27–28
smallpox, 84, 94
Smith, Adam, 107, 137
social hierarchy, 23, 24, 50, 60, 61; in frontier societies, 22, 25–30, 33, 43, 47
socialism, economic planning, 127, 141
Solomon Islands, 50
South Africa, 8, 18, 20, 157; Bantu tribes, 42, 46; Boers, 42–43; compulsory labor, 51; European settlement and trade, 41, 57; frontier, 14, 26, 155
South America, 6, 14, 19, 41. *See also* Latin America
South China Sea, 108
Southeast Asia, 92, 110
Soviet Union. *See* Russia
Spain, 17, 18, 21, 47, 122; overseas empire, 117, 145
spice trade, 111
state socialism. *See* socialism

statistics: data for war mobilization, 141; measurement, 140
steppe cultures, 89, 98, 104–5, 106; horses and cavalry in, 89, 116; plague in, 112; trade, 103–5, 106, 111. *See also* nomads
Sung dynasty, 106, 109, 119; money in, 107
survival, human: and macroparasitism, 86; and microparasitism, 72
symbiosis, political and commercial, 110

Tartars, 28
tax and rent collection, 73, 82, 88, 93, 102; in China, 106, 108; for support of armed forces, 90; trade related to, 102, 107
taxation: excessive, leading to flight of capital, 119; in kind, 103, 107; use of foreign traders for evasion of, 120
tax farming, 109, 120
technology: advances in, 92, 109, 136; Chinese, 106–7, 108; eras, 71; vulnerability of, 128, 148
telegraph, 60
Tigris-Euphrates river valley, 80, 81
tolls, 93, 103–4
Toynbee, Arnold, 71, 145
trade, 21–22, 25, 26, 48–49, 57, 75; dependence of robbers and pirates on, 106; European dominance, 71, 113–14, 117;

fur trade, 17, 19, 29–30; long-distance, 92, 93, 101; overland routes, 92–93, 111, 112. *See also* caravans; shipping; ships
trade tolls. *See* tolls
trading companies, 22, 30
transportation, xiii, 13, 15, 17, 20, 40, 42, 48, 55, 60; of goods, 83, 92, 123; inland waterway, 106–7; steamship and railroad, 20, 30, 41, 42, 48, 55
tsetse flies, 159
Tungusic peoples, 105
Turan, 104
Turkish peoples, 105
Turner, Frederick Jackson, 5, 6, 7, 8, 11, 13, 18, 22, 27, 62, 151; Great Frontier, 11; and slavery issue, 27–28
Twain, Mark, 153

Ukraine, 16, 28, 30, 36, 47
United States, 9, 20, 28, 29, 30, 44–45, 48, 58; Civil War, 49; frontier, 5, 6, 8, 10; immigration, 54, 56, 57; place in history, 58, 60, 62–63; slavery in, 27, 49; War of Independence, 47. *See also* North America
urban transmutation, 81–89, 100; effect on environment, 83; epidemics and, 74, 84–85; macroparasitism and, 81, 85; microparasitism and, 83–88, 90–91

USSR. *See* Russia

Venice, city-state, 111, 122
vertical integration, 138
Vikings, 106
viral infections, 84; in childhood, 84; commercial transmutation and, 94
viruses: plant parasites, 79; survival of, 86
Visible Hand, The, 138

warriors: as macroparasites, 86, 90; merchants and, 98; as ruling class, 86
wars, 74, 86, 90, 118, 135; conservation of catastrophe and, 144; economic expansion and, 123–24; financing of, 119–20; religious, 96; and social welfare, 127; technology in, 123
water, contaminated, 83
water mills, 95–96, 122

wealth: creation of, 97, 107, 108, 109, 121, 137; European, 121, 124
Wealth of Nations, The, 137
Webb, Walter, 7, 8, 9, 13, 27, 151; Great Frontier, 6, 10, 11, 62
weeds, 79, 80, 81
westward movement, 16
whooping cough, 84
wool trade, 111
world government, 94, 145
World War I, 58, 61, 127, 128
World War II, 7, 9, 58, 61, 140; economic planning during, 127, 141

Yangtze river, 107
Yellow River, 107, 135
Young, Brigham, 45

Zaccaria, Benedetto, 111
Zanzibar, 49
Zoroastrianism, 95
Zulu war, 42